BERNHARD MARXEN

Entwicklungslinien naturphilosophischen Denkens in der Auseinandersetzung zwischen Materialismus und Idealismus

Ein Beitrag zur Synthese und Integration von Wissen - vorrangig unter physikalischem Aspekt.

Gegensätze erzeugen Bewegung und Veränderung als ein wesentliches Merkmal des Lebens. Der Tod ist gegensatzfrei. Er ist die Ruhe. Gegensätze sind überall: in physikalischen, biotischen, sozialen bzw. ethischen Strukturen, also auch in der Gesellschaft, deren materiellen und ideologischen Verhältnissen.

Dass sich materialistische und idealistische „Bilder" vereinen, gehört zum Aufstieg des **neuen Paradigmas**, dem viele Naturwissenschaftler folgen, nicht nur Biologen, auch mehr und mehr Physiker.

Die Entwicklung der Naturphilosophie ist durch gegensätzliche Begriffe gekennzeichnet, die schrittweise vereint und zu Teilbildern erweitert wurden. Der Prozess begann vor langer Zeit und reicht bis zur Gegenwart. Im Mittelpunkt steht die Frage nach dem **primären Prinzip**, die - je nach Antwort - die Gesellschaft spezifisch strukturiert hat. Die Frage ist geblieben, die Antwort hat sich verändert, weil der Mensch als urteilendes *Subjekt* den Gegenstand seiner Befragung beeinflusst, zum andern seinen Mitmenschen auch als Gegenstand oder *Objekt* benutzt. Die Subjekt-Objekt-Beziehung reicht nicht nur vom Menschen zum *physikalischen* Objekt, sondern auch vom Menschen zum Mitmenschen - als *sozialem* Objekt! Damit ist eine andere Frage aufgeworfen: die Machtfrage.

Bibliografische Information Der Deutschen Bibliothek

Marxen, Bernhard

Entwicklungslinien naturphilosophischen Denkens in der Auseinandersetzung zwischen Materialismus und Idealismus

Bestellung über den Buchhandel bzw. www.libri.de

ISBN 978-3-9812389-1-4

Herstellung: Books on Demand GmbH, Norderstedt (bei Hamburg)

Erste Auflage 1987 (ISBN 3-923744-86-2)
Zweite neubearb. Auflage 2000 (ISBN 3-9807273-0-0)
Dritte leicht überarb. Auflage 2007 (ISBN 978-3-9807273-0-3)
Vierte leicht überarbeitete Auflage 2008

Ethos-Verlag, Buchholz in der Nordheide

Von Bernhard Marxen liegen vor:

1. Entwicklungslinien naturphilosophischen Denkens in der Auseinandersetzung zwischen Materialismus und Idealismus

2. Welt als Information und Aufgabe - Gesamtbild: ein Beitrag zur Synthese und Integration von Wissen

3. Zum höheren Dritten: zwischen Kapitalismus und Sozialismus

4. Weltweit denken - Ortsnah handeln: Genetischer Eingriff an der kapitalistischen Gesellschaft

5. Auf Wegen zum innersten Licht *(der Jugend gewidmet)*

6. Die Religion Abrahams: Judentum - Christentum - Islam

7. A-B-C der Religion – Epoche des „dritten Tags“

Die genannten Bücher bilden eine abgeschlossene Einheit. Das **erste** Buch dient als Grundlage für das **zweite**, auf dem das **dritte** und **fünfte** aufgebaut ist (Ist-Zustand, Soll-Zustand, Handlungskonzept, Handlungsmotiv).

Im **vierten** Buch wird ein wichtiges Anliegen des **zweiten** und **dritten** noch einmal aufgegriffen und die „Anlage“ der Gesellschaft betont. Anhand vieler Bilder und Zeichnungen wird darauf hingewiesen, wie „Entwicklungshilfe“ - für uns und für andere - am wirkungsvollsten durchgeführt werden könnte.

Das **fünfte** Buch - mit autobiographischem Anteil - ist die „Wurzel“ der genannten Bücher. Es kreist um ein rätselhaftes Geschehen, das dem Autor vor Jahren widerfuhr. Weil alle Deutungen mangelhaft gewesen sind, hat er es verdrängt und vergessen. Unbewusst aber ist er den Weg gegangen, der ihm vor Jahren befohlen wurde. Er ringt um Erkenntnis, durchdringt Theorien und Philosophien. - Politische Arbeiten folgen, theoretisch und praktisch. Nach langer Suche erst, nach Studien der Bibel, des Koran und ähnlicher Bücher, erkennt er ein „Leuchtbild“ und findet seine Seelenruhe.

Das **sechste** Buch ist ein Ausschnitt des **fünften** Buchs.

Das **siebente** Buch vertieft das **sechste** und begründet alle Bücher.

INHALTSVERZEICHNIS

Sehen ist eine Illusion.
Keiner kennt die wahre Welt.

Was will ein Mensch erreichen?
Ich will dort sein, wo die Wahrheit ist.

Vorwort

Um die Wende zum 20. Jahrhundert hat sich eine neue Ideologie festgesetzt. Schritt für Schritt ist sie zu einem mächtigen Gesamtsystem ausgebaut worden: zum dialektischen und historischen Materialismus, der als höchste und umfassendste Form des **philosophischen Materialismus** bezeichnet worden ist. Gefördert und gelenkt worden ist sein Ausbau durch die sozialistischen Gesellschaften, hier durch die ehemalige Deutsche Demokratische Republik. Ebenso wie andernorts sind dort die Werke von Marx, Engels, Lenin herangezogen worden, aber auch die grundlegenden Dokumente der sozialistischen/kommunistischen Parteien sowie der Arbeiterbewegung insgesamt.

Man hat für den deutschsprachigen Raum - zwecks Verbreitung des Materialismus - ein „**Philosophisches Wörterbuch**" herausgegeben, das von Auflage zu Auflage erweitert worden ist, zuletzt auch um die Gebiete der chinesischen und indischen Philosophie. Am stärksten sind dort die Bereiche der Ethik, der allgemeinen Methodologie, der Geschichte und der Kritik der gegenwärtigen bürgerlichen Philosophie berücksichtigt worden. Neben der Darstellung des philosophischen Materialismus und der Betonung seines weltverändernden Charakters soll das Wörterbuch die Auseinandersetzung mit der „bürgerlichen Philosophie" befördern helfen, wie die Herausgeber im Vorwort betonen.

Im Wörterbuch ist zwischen **Materialismus** und **Idealismus** unterschieden worden, wobei mit Letzterem das Charakteristische der „bürgerlichen Philosophie" gemeint ist. Weil das vorliegende Buch zur **Synthese** und Überwindung ideologischer Gegensätze beitragen soll, sind die Begriffe des Materialismus und Idealismus übernommen worden, trotz einigem Zögern und Bedenken.

Mit den **modernen Systemtheorien**, die sich zunehmend interdisziplinär orientieren, d.h. die physikalische, biologische, soziale bzw. ethische Wirklichkeit übergreifend behandeln, kommt mehr die materialistische Philosophie zum Ausdruck. Als wesentliches Merkmal dieser Systemtheorien gilt das „**Postulat der Komplementarität**", das in der Physik zuerst von N.Bohr (1885-1962) formuliert wurde (Quantentheorie) und in anderen Wissenschaftszweigen ebenfalls fruchtbar geworden ist.

Im **Jahr der Wende** (1989) - der Zusammenbrüche im sozialistischen

Lager - ist ein Umdenken eingeleitet worden, auch in den Naturwissenschaften, wo der **Begriff der Information** wichtig geworden ist. Wir leben in einem informativen Universum, das zu begreifen wir uns bemühen. Die Wirklichkeit bzw. *unsere* Welt („it“) entsteht aus Information („Bit“), die sich uns mitteilt („**it from Bit**“). Oder etwa umgekehrt? Ist die Wirklichkeit bzw. *unsere* Welt („it“) nicht zuerst da, die sich über Information („Bit“) uns mitteilt („Bit from it“)? Immer mehr Quantenphysiker neigen zur ersten Aussage. Denn im atomaren Bereich geht es unbestimmt zu, bis jemand misst und sich so informiert.

Um den richtigen Eindruck von Systemen mikroskopischer und makroskopischer, belebter und nichtbelebter Art erhalten zu können, ist eine Denkweise zwischen „**weder ... noch**“ bzw. „**sowohl ... als auch**“ erforderlich: Partikel und Welle, Chaos und Struktur, Endlichkeit und Unendlichkeit usw. sind integrale Bestandteile, Phänomene oder Aspekte eines sogenannten „**Dritten**“, die nebeneinander bestehen und sich gegenseitig befruchten, auch in gesellschaftlicher Hinsicht (**Titel des dritten Buchs**).

Die komplementäre Denkweise ist zum **neuen Paradigma** hochstilisiert worden. Man spricht vom Aufstieg des „evolutionären Paradigmas“ oder vom „Paradigma der Selbstorganisation“ schlechthin. Gemeinsam mit anderen Grundbegriffen der Physik gehört der Begriff der Komplementarität mit seinem Verzicht auf Objektivierbarkeit zu einer neuen Denkform, deren Anwendbarkeit sich neben Physik auch auf Biologie (N.Bohr) und Psychologie (P.Jordan) erstreckt und deren Einbau in das Schema der logischen Grundgesetze versucht worden ist. Neu entstandene Wissenschaftszweige haben die Bezeichnung „Synergetik“ (Lehre vom Zusammenwirken) oder “Komplexitätswissenschaft“ erhalten. Man spricht von Chaosforschung, Kybernetik II. Ein allseits akzeptierter Name ist für die neueren Systemtheorien noch nicht gefunden. Dessen ungeachtet möchte man spekulieren, dass in einem Weltbild aus komplementären Teilbildern auch die Wunder des Lebens noch Platz finden, ja dass jedes Elementarteilchen, Atom usw. vielleicht doch Schöpfungskraft hat (also nicht Gott nur allein). Im hinteren Teil des Buches wird die komplementäre Denkweise hier und dort angewandt.

Für diese Arbeit ist aus Gründen der Vereinfachung und Übersichtlichkeit aus der Fülle angebotener Literatur nur eine kleine Auswahl getroffen worden, überwiegend aus der Sekundärliteratur. Auch besteht die Arbeit zu einem großen Teil aus Buchauszügen, die spezifisch verknüpft ein neues Bild ergeben. Dieses Vorgehen ist gewählt worden, um die jeweils einseitigen Aussagen des Materialismus und Idealismus **knapp**(!) und **vom Wesentlichen her**(!) zu verdeutlichen und mit Hilfe der synthetischen Methode eine vernunftgeleitete Weltauffassung mitzuunterstützen.

Das Buch ist noch einmal überarbeitet, jedoch wesentlich nicht verändert worden. Ursprünglich war es zur Veröffentlichung nicht bestimmt. Erst später erwies es sich als tragfähige Grundlage für alle anderen Bücher, von denen das fünfte und dritte am wichtigsten sind (in dieser Reihenfolge). Alle Bücher habe ich selbst redigieren müssen. Mögliche Schreibfehler möge man entschuldigen, in jedem meiner Bücher.

Im Text stehen eingeklammerte Zeichen, beispielsweise (8,S.26). Auf die Nummerierungen im Literaturverzeichnis wird mit ihnen gewiesen (erste Ziffer), sowie auf die entsprechenden Buchseiten, wo Inhalte und Textteile entlehnt worden sind.

Zum Schluss noch zwei Bemerkungen: Als ich ein Kind war, hatte ich die Ahnung, dass alles, was mir erklärt worden war, **lügenhaft** und die Welt ganz anders aufgebaut wäre. Die Ahnung vergaß ich im Laufe der Jahre. Als Erwachsener traf mich ein **Geschehen**, das mir fremd war und ich deshalb verdrängte, doch unbewusst befolgt habe (fünftes Buch, Kapitel 1.5). Jahrzehnte später „erwachte“ ich, erkannte, dass meine kindliche Ahnung richtig war.

Trotz der deutschen Wiedervereinigung und der Zusammenbrüche im sozialistischen Lager ist das Anliegen dieses Buches dringlich geblieben. Anders als politische Systeme sind die Ideologien, die ihnen zugrunde liegen, noch nicht untergegangen. Nicht zuletzt die Systemtheorie aber hat ideologische Gegensätze aufgeweicht, so dass Veränderungen auch im kapitalistischen Lager zu erwarten sind. Zum Kapitalismus übrigens ist ein neuer Gegenpol herangewachsen: der **Islamismus**. Auch von daher sollte das fünfte und sechste Buch beurteilt werden.

Um den Gesamtzusammenhang besser verstehen zu können, könnten die **fettgedruckten Stellen** nach der Lektüre noch einmal durchgegangen werden.

Buchholz in der Nordheide 2000/2007/2008 Bernhard Marxen

1. Problemfeld

Dem Menschen zeigt sich die Welt in *Gegensätzen*, zum einen in realen Zuständen, zum andern in Begriffen, in Widerspiegelungen realer Zustände, die verschieden, nicht „normgemäß" gebildet werden. Hier sei der Begriff des **Materialismus** genannt, der jene **Richtung der Philosophie** bezeichnet, die der elementaren Materie leben- und geistaufbauendes Potential zueignet (Fähigkeit der Selbstorganisation) und die gesamte Welt, einschließlich der Pflanzen, Tiere und Menschen, ohne Zuhilfenahme übernatürlicher Quellen als Wirkung der Materie und deren Bewegung in Raum und Zeit beschreibt.

Im 19. Jahrhundert ist der Materiebegriff erweitert worden, durch Übernahme der **Dialektik** und deren Anwendung auf die ökonomischen Verhältnisse bzw. die **menschliche Arbeit**. Mit Materie ist nicht nur das Stoffliche weiterhin gemeint: Die Gesellschaft ist einbezogen. Im weiteren Verlauf ist der dialektische und historische Materialismus entstanden (verkürzt: philosophischer Materialismus), der die gesamte Geschichte als Naturvorgang deutet und im Bereich der Wirtschaft ihr treibendes Prinzip sieht. Die „Ideen" sind integriert, weil die Dialektik mit den Klassengegensätzen und **Klassenkämpfen** verbunden ist. Der Überbau-Unterbau-Lehre zufolge hängt alle geistige Entwicklung von den materiellen (ökonomischen) Prozessen ab - eine direkte Umkehrung der Hegel'schen Metaphysik (objektiver Idealismus).

Laut philosophischem Materialismus lässt sich ein Sein in seiner *reinen Form* nicht aneignen. Folglich ist **Ontologie** als Wissenschaft vom „Sein als solchem" nicht möglich! Anders der **Idealismus**, die entgegengesetzte **Richtung der Philosophie**. Er deutet die Welt bzw. Umwelt des Menschen als Produkt der Idee, des Geistes, der Empfindung, womit die Teilung der menschlichen Arbeit in **körperliche** und **geistige** verbunden ist.

Innerhalb der idealistischen Richtung muss zwischen objektivem und subjektivem Idealismus unterschieden werden. Im objektiven Idealismus wird ein übergreifendes Bewusstsein angenommen (**absolute Idee, Weltgeist** usw.) und die Außenwelt als Verkörperung der absoluten Idee gesehen. Anders im subjektiven Idealismus, der die Außenwelt bezweifelt, nur als Bewusstseinsinhalt sieht. Beide Formen des Idealismus gehen oft ineinander über.

Zu beiden Formen hat sich der Materialismus abgegrenzt, schon wegen des **erweiterten Materiebegriffs**. Weil Stoff und Materie nicht mehr deckungsgleich sind, sich physikalisch nur noch gleichen, ist es möglich geworden, auch die **gesellschaftlichen Verhältnisse** dem Materiebegriff zuzuordnen. Als das Einzige der Welt ist „Materie" keine Leerformel, sondern philosophische Kategorie im Verhältnis zum gesellschaftlichen Bewusstsein.

Nach materialistischer Philosophie unterscheidet der Materiebegriff das, was außerhalb des Bewusstseins existiert (Umwelt), unabhängig vom Abbild im Bewusstsein. Was sich so zum Bewusstsein verhält, ist dem Materiebegriff zugewiesen, also physikalische Systeme, raumzeitliche Strukturen, biologische und gesellschaftliche Bewegungen usw. Sind die gesellschaftlichen Beziehungen nur gemeint, also die zur Natur und der Menschen untereinander, dann benutzt man den Begriff des **gesellschaftlichen Seins**!

Die Kategorie des gesellschaftlichen Seins stellt eine konkrete Formulierung des auf die Gesellschaft angewandten Materiebegriffs dar. Der Materialismus geht vom **Primat des gesellschaftlichen Seins** aus, der Idealismus vom **Primat des gesellschaftlichen Bewusstseins**.

Um Philosophien einordnen zu können, wird nach dem **primären Prinzip** gefragt: nach dem gesellschaftlichen Sein bzw. Bewusstsein. Prinzipien sind nach materialistischer Lehre aus Verallgemeinerungen abgeleitet. Nach idealistischer Lehre sind es Grundsätze, die dem reinen Denken entspringen und durch sich selbst gewiss sind. Auch wird der Begriff des Prinzips noch anders verwendet, nämlich zur Bezeichnung des Urstoffs oder der Elemente, auf denen alles Seiende ruht (vorsokratische Zeit).

Die Frage nach dem gegenseitigen Verhältnis von Sein und Bewusstsein bzw. welcher Seite dieses Verhältnisses das Primat gehört, gilt als **Grundfrage der Philosophie**. Diesbezüglich sei auf das Vorwort gewiesen bzw. den Aufstieg des **neuen Paradigmas** seit der „Wende" 1989. Der Ausspruch „it from Bit" bestätigt die materialistische Philosophie, das Primat des Seins (der Information „Bit") gegenüber dem Bewusstsein („it") - nur in fremden Worten, als reizvoller Satz, sprich: verklausuliert. Die **Information** steht also im Vordergrund (auch für mich?? Geschehen am Waldsee vor Jahren: fünftes Buch, Kapitel 1.5).

Der Informationsbegriff, den die Wissenschaft benutzt, ist überaus wichtig geworden, wird jedoch kontrovers ausgelegt. Idealistische Philosophen haben versucht, die Information als nicht-materiell zu beschreiben, ja als Drittes außerhalb von Materie und Bewusstsein. Nach materialistischer Lehre hingegen hat sich **Information** als das **Primäre** erwiesen, mit Bewusstseinskomponenten verknüpft (it from Bit). Diesbezüglich sei angemerkt, dass jede Information an materielle Strukturen gebunden und dem physikalischen Begriff der Entropie zugeordnet ist. Erst im zweiten Buch aber wird Information näher betrachtet und praktisch angewendet - gemäß dem Gesetzesbegriffs.

Schon hier sei angemerkt, dass der **Gesetzesbegriff** des Materialismus teils aufgesetzt, also **unbefriedigend** ist. Das natürliche Gesetz (Gesetz der Natur) ist der Materie zueigen, wirkt wahrscheinlich **ganzheitlich**: in metaphysischer, physikalischer, biotischer und ethischer Sphäre, mit je ansteigenden Spielräumen (zweites und fünftes Buch). Unter dieser Voraussetzung wäre die Freiheit gewahrt - in Spielräumen! Ein **Gedankenexperiment**:

Man streue auf ein Stück Pappe feine Eisenfeilspäne, lege die Pappe dann auf einen **Naturmagneten**. Man weiß, vom Naturmagneten gehen Feldlinien aus, die die Eisenfeilspäne strukturieren, die nun ihrerseits entsprechende Information tragen. Weil die Feldlinien und ihr Verlauf zum **natürlichen Gesetz** gehören, muss die Information der Eisenfeilspäne - ähnlich den Gehirnstrukturen - etwas anderes sein als das natürliche Gesetz. Information ist an materielle Träger gebunden (Eisenfeilspäne, Gehirn), nicht jedoch das natürliche Gesetz (Gesetz der Natur).

Das natürliche Gesetz strukturiert Materie ohne Zutun von Menschen. Das **staatliche Gesetz** (Gesetz des Rechts) ist Struktur, hat **Information** durch Zutun von Menschen. Von daher kann alles Gesetzmäßige in der Gesellschaft/Geschichte, was ein Zutun von Menschen verlangt, zum natürlichen Gesetz nicht(!) gehören, auch die „objektiven Gesetze" der Gesellschaft nicht, die der Materialismus definiert und als natürlich(!) anerkannt hat. Zumindest aber könnten die „objektiven Gesetze" der Gesellschaft, die Zutun von Menschen verlangen, spezifischer Ausdruck menschlicher Bedürfnisse sein.

Trotz allem sei vermutet, dass die **Welt als Einheit** existiert, übereinstimmend mit Aussagen der materialistischen Philosophie. Diese Vermutung wäre richtig, wenn das **natürliche Gesetz** ebenfalls als **Einheit** existierte, wenn es außer der physikalischen und metaphysischen noch andere Wirk-Sphären hätte, und zwar nach „oben“ hin: zur Gesellschaft, ja Geschichte (biotische, ethische Wirk-Sphäre). Unter dieser Voraussetzung wären die „objektiven Gesetze“ der Gesellschaft, die der Materialismus behauptet, überflüssig bzw. umbenannt und logisch angedockt: an die physikalische Wirk-Sphäre.

Materialismus und Idealismus sind der Wahrheit verpflichtet, was „Vertreter“ beider Richtungen unbeachtet lassen. Natürlich kommen beide Richtungen ohne Wahrheit nicht aus - am wenigsten in den Naturwissenschaften (it from Bit ...). Gemeinhin aber und in gesellschaftlicher Hinsicht ist Wahrheit früh verabschiedet worden, zugunsten raffinierter Propaganda.

In kapitalistischen Ländern wird „Materialismus“ auf jene bezogen, die nach Geld, Kapital, Sinnlichkeit streben. Dem philosophischen Materialismus ist diese Gesinnung ganz und gar fremd. Vielmehr ist sie liberalen Wirtschaftskräften eigen, ja dem Kapitalismus insgesamt - mit Merkmalen wie individuell, Streben nach Geld, Kapital, Gewinnmaximierung. Die Sorge für Mitmenschen - das zeigen Erfahrungen - rückt dort an die zweite Stelle (**vgl. Schlusswort**).

Nach materialistischer Philosophie steht der Mensch im Mittelpunkt gesellschaftlichen Strebens. In realer Ausprägung praktiziert er eine strikte Trennung von Kirche und Staat und drängt den **Einfluss der Kirchen** eher zurück. Diesem Vorgehen liegt die Erkenntnis zugrunde, dass Kirchen das reale kapitalistische System (Rechtsordnung) unterstützen, ja zum „Zahnrad“ geworden sind. Die Instanzen kapitalistischer Macht behindern die Kirchen also nicht - im Gegenteil: Sie nutzen deren Ideologie aus, machen sie scheinbar zu ihrer eigenen. Auf diese(!) Weise bauen die kapitalistische Gesellschaften auf religiös ausgerichteter Ideologie, dem **philosophischen Idealismus** auf (Prädestinationslehre, Rechtfertigungslehre, fünftes Buch, 19.6). In ihm sind eine Vielzahl von Philosophien und Anschauungen zusammengefasst.

Nach tradiertem Verständnis hat der Idealismus nur positive Eigenschaften, etwa Glaube an Ideale, ja Bereitschaft, auch unter Opfern demgemäss zu leben. Dies sind Ansprüche des philosophische Materialismus ebenfalls, der mit Blick auf Leid und Not, Ausnutzung und Ausbeutung einer Mehrheit entstand und als Sozialismus menschliche *Gleichheit, Freiheit, Solidarität* herstellen will. Die Erfahrung zeigt, dass diese Werte nicht realisiert worden sind!

Obwohl die genannten Begriffe unterwandert und falsch ins Bewusstsein eingegangen sind, lässt sich vorerst zusammenfassend sagen: Der Sozialismus baut ideologisch auf dem philosophischen Materialismus auf, der Kapitalismus/Imperialismus auf dem philosophischen Idealismus (nur scheinbar und zweckgemäß). Die Bedeutung für diese Tatsache liegt darin: Beide philosophischen Richtungen bzw. die darauf aufbauenden Gesellschaften erheben Absolutheitsansprüche, bekämpfen sich auf die eine oder andere Weise, mit ungünstigen Folgen für Menschen, Gruppen und Völker. Oder anders: Auch in weltweiten Zusammenhängen existieren Gegensätze, die Bewegung erzeugen: **Materialismus und Idealismus** werden sich mehr und mehr **vereinen**. Begriffe wie Sozialismus und Kapitalismus werden ihre Bedeutungen verlieren. Die einzelne Gesellschaft wird sich höher entwickeln, auf einem „**Dritten Weg**“ (Titel des dritten Buchs), den die Systemtheorie - das neue Paradigma - mitbereiten wird (**Primat der Information**).

Lehren des Materialismus und Idealismus behandeln auf die eine oder andere Weise das **Problem der Religion**, das für die Mehrheit bedeutungsvoll ist. Der Materialismus ist antireligiös eingestellt (nicht zwingend), der Idealismus religiös. Sein und Bewusstsein sind zwei sich gegenüberstehende Prinzipien, wobei das Bewusstsein auf die Frage nach dem **primären Prinzip** eine Antwort geben soll. Untersuchungen zeigen hier Grenzen auf, die auch in Zukunft nicht zu überwinden sind.

Mit dem primären Prinzip ist nicht nur das natürliche, sondern auch das staatliche Gesetz angesprochen: zusammen also das **Gesetz allgemein** (natürliches und staatliches Gesetz, vgl. 11.3). Weil das natürliche vorrangig ist, müssen die Naturwissenschaften befragt werden - insbesondere die Physik. Diese Arbeit bezieht sich hauptsächlich auf Entwicklung und Aussagen der Physik. Der **Begriff der Entwicklung** ist daher wichtig. Zurück zu den Anfängen der Philosophie.

2. Antike Weltvorstellung

2. 1. Mythologische Wurzeln

Das rationale naturwissenschaftliche Denken unserer Zeit steht im Zusammenhang mit naturreligiösen Vorstellungen aus der Vorzeit, die uns durch die Mythologie überliefert wurden. Das gilt vor allem für die **griechisch-antike Mythologie**, die überwiegend lückenlos blieb. Auch im Römerreich nämlich sind griechische Mythen erzählt und gelesen worden. Von dort flossen sie in die europäische Kunst. Dichtung, Malerei und Plastik haben dafür gesorgt, dass sie den Völkern des nördlichen Kulturkreises erhalten blieben und bis zur Gegenwart fortwirken (6,S.172). Echte Mythen sind **Ur-Kunde** aus einer Zeit, da die Welt noch nicht durch das rationale Denken erklärt wurde. Die nüchterne Logik hat in dieser Frühzeit die Welt noch nicht entzaubert. Alles ist beseelt und voller Magie, Götter und Dämonen, Riesen und Zwerge, Naturgeister und Fabelwesen sind die Seele der Natur. „Das bewegte Meer zürnt dem Menschen, der heitere Himmel will ihm wohl“ und „die Sterne bezeichnen das menschliche Schicksal“ (18,S.122).

Ein wesentlicher Zug der antiken Mythologie ist die **Personifizierung** von Dingen und Kräften, Qualitäten und Zuständen. Himmel und Erde, die Winde, der Ozean, Tag und Nacht - sie alle sind personifiziert (2,S. 12). Als Verkörperung der Elementargewalten treten die Giganten und Riesen auf als Gegner der gestaltenden Götter. Es ist interessant zu sehen, wie in gewissen Mythen das **Problem des Urprinzips** vorweggenommen wird, das später in den Vordergrund rückt. Nach Hesiods Epos von der Geburt der Götter (Theogonie) um 700 v. Chr. sind die **Urkräfte der Welt** der gähnende Raum *Chaos* sowie *Gaia,* die breitbrüstige Erde und *Eros,* der Gott der Liebe (19,S.51ff). Die Wechselwirkung der Elemente wird anschaulich beschrieben in der Sage von der Zeugung des *Okeanos* durch *Gaia* und *Uranos,* dem Himmelsgott. Das Problem der **Gegensätze** und deren Wechselwirkung, das einen so wichtigen Platz in der Naturphilosophie bzw. Naturwissenschaft bis zu uns einnimmt, wird vorwissenschaftlich aufgefasst in der Sage von der Geburt des Tages oder des Lichts aus der Nacht oder Dunkelheit (19,S.51ff). Möglich ist es, dass wiederholende Phänomene wie der ewige Wechsel von Tag und Nacht und die Drehung des gestirnten Himmels sich seit Urzeiten dem Unterbewusstsein des prähistorischen Menschen eingeprägt haben und zur Entstehung gewisser **archetypischer Vorstellungen** führten, wie die Idee der Gegensätze oder die des Kreises als der vollkommenen Figur (2,S.12).

2. 2. Naturphilosophische und fachwissenschaftliche Anfänge

Die Anfänge der griechischen Naturphilosophie entstanden um die Mitte des sechsten Jahrhunderts v. Chr. in den geographischen Kontaktzonen des Mittelmeerraumes - insbesondere in ionischen Städten an der Westküste Kleinasiens, wo die griechische Welt mit der babylonischen Kultur in Berührung kam (3,S.20). Die Lehre von der Natur war damals noch eng mit dem allgemeinen Denken über das Sein verwoben. Daneben bildeten sich Fachwissenschaften. Die älteste ist die **Mathematik**, die jedoch eng mit der Astronomie verbunden war. Die Bewegung der Himmelskörper legte mit ihrer Regelmäßigkeit eine mathematische Beschreibung nahe. **Babylonische Priester** hatten Zeit und Muße. Sie mussten die Sterne sorgfältig beobachten, denn die Sterne verkündeten den Willen der Götter. Im Gebrauch war eine fortgeschrittene Geometrie und, ähnlich wie im alten Ägypten, ein bemerkenswertes Vermessungswesen, das sich seit dem vierten Jahrtausend v. Chr. entwickelt hatte und durch die praktischen Bedürfnisse der Menschen bestimmt war.

Griechische Philosophen schufen aufgrund babylonischer Beobachtungen mathematische **Theorien der Planetenbewegungen**. Das begann um 600 v. Chr. mit Thales von Milet, der nach der Überlieferung der erste griechische Mathematiker war. „Wenn nicht schon Thales, dann gaben die Pythagoräer ... der Mathematik einen neuen Stil. Sie sahen, dass man mathematische Sätze beweisen konnte“ (3,S.38) und einfache Beweismittel wurden ausgeschöpft, ehe schwierigere herangezogen wurden. Es kam aber nicht zu einem allgemeinen Zahlenbegriff; die Algebra war geometrisiert; Produkte, Wurzeln wurden vermieden. Für eine mathematische Physik war das nicht günstig (3,S.39). In systematisierter und verallgemeinerter Form wurde die Gesamtheit der geometrischen Kenntnisse der Antike zum ersten Mal in den „Elementen“ des Euklid (um 300 v. Chr.) dargelegt.

In der ersten Phase naturphilosophischen Denkens ging es nicht nur um Fragen der Mathematik und Astronomie, sondern überwiegend um solche, die sich auf allgemeine Probleme bezogen. Bereits die ersten Naturphilosophen suchten das **Wesen der Natur** und die Art und Weise physikalischer Wirkungen aufzudecken - ein Problem von zentraler Bedeutung, das bis zur Gegenwart reicht. Es behandelt das Verhältnis der Vielheit zur

Einheit und meint die Aufgabe, mit wenig Voraussetzung viel zu erklären! So suchte man hinter der Vielfalt der Erscheinungen ein **Ur- oder Grundprinzip** (primäres Prinzip), das als Einheit entweder stofflich oder geistig zu denken war. Es wurden Fragen um das Thema gruppiert, die Antworten induzierten mit z.T. metaphysischem Charakter (3,S.23). Wie ist die Welt gebaut? Wie sind Veränderungen möglich? Was ist das unveränderliche, permanente Prinzip, das dem Wechsel der Phänomene zugrunde liegt? Oder: Was ist die Wurzel, aus der die vielfältigen Dinge der natürlichen Welt entspringen? Diese Fragen wurden im Groben auf zweierlei Weise beantwortet. Es gab Denker, die ein wesentlich **materielles** Grundprinzip als Wurzel alles Seienden postulierten, während andere eine Art **geistiges** Grundprinzip annahmen. Eine gewisse **Mittelstellung** nahmen jene Denker ein, die das **Maß** oder die **Zahl** als Grundprinzip alles Seienden betrachteten.

2. 3. Vorsokratische Vorstellungen und Epikurismus

Die ersten Philosophen, die die **Materie** (Materialismus) **als fundamentales Prinzip** ansahen, waren extreme Monisten. Sie suchten das Prinzip des Lebens in einem Grundstoff, einer Urmaterie. Die Mannigfaltigkeit der objektiven Welt wurde auf ein einziges materielles Grundelement reduziert. Hinsichtlich dessen spezifischer Qualität waren sie verschiedener Meinung. Thales von Milet (um 600 v. Chr.), von dessen Schriften keine originalen Fragmente erhalten sind, behauptet: Dieser Grundstoff ist das **Wasser**. Das Wasser als Substrat und zeugende Kraft ist Leben. Alle Dinge gehen daraus hervor und kehren dorthin zurück.

Anaximenes, ein jüngerer Zeitgenosse Thales', nimmt als Urmaterie die unsichtbare und fast nicht wahrnehmbare **Luft** an und nennt sie das „Unbegrenzte“. Die Luft ist das Leben selbst, die Lebenskraft, wovon die Atmung zeugt. Der Atemhauch und das Leben werden nach uralter Vorstellung identifiziert. Alle Realitäten des Kosmos' erklären sich durch Prozesse der Verdichtung und Verdünnung des Urelements, des Zusammenziehens und der Entspannung. Die Verdünnung der Luft produziert das Heiße, ihr Zusammenziehen das Kalte. Ein zunehmend stärkeres Zusammenziehen erzeugt nacheinander Wind, Wolken, Regen, Erde und Felsen (8,S.25ff).

Für Heraklit (um 540-480 v. Chr.) ist die Urmaterie das **Feuer**. Nach ihm wurde die Weltordnung von keinem der Götter erschaffen. Sie war, ist und wird sein ein lebendiges Feuer. Im **Kampf der Gegensätze** sieht er die **treibende Kraft** aller Bewegung und Entwicklung. Die Ursache der Bewegung ist der Widerstreit der Gegensätze. „Während das Zeitalter der griechischen Mythologie noch von der Vorstellung beherrscht wurde, dass es besondere göttliche Wesen sind, die auf Grund ihrer oft widerstreitenden Interessen alle Bewegung, Veränderung und Entwicklung in der Welt hervorbringen, nennt Heraklit bereits in allgemein-abstrakter Form den Kampf den Vater aller Dinge. Ihm zufolge strebt die Natur nach Gegensätzen“ (1,S.1302). Alles kommt durch Streit und Notwendigkeit zum Leben; denn die entgegengesetzten Verhältnisse existieren nur durcheinander, wie z.B. Gesundheit und Krankheit, Gut und Böse. „Eintracht und Frieden führten zur Auflösung der Dinge im Urfeuer, Kampf und Streit dagegen zum Werden der Welt aus dem Feuer, das ihm als einheitlicher und materieller Urstoff der Welt gilt.

Trotz dieser tiefgründigen dialektischen Ideen über die Ursache aller Bewegung und Entwicklung bleibt Heraklit ein echter Entwicklungsbegriff, der das Entstehen neuer Qualitäten aus alten einbezieht, verschlossen. Seine dialektischen Auffassungen gipfeln in der Lehre von der Harmonie, die sich im Ergebnis des ‚Kampfes' der Gegensätze einstellen soll, in der die **Gegensätze zusammenfallen** und die eine Rückkehr zur ursprünglichen Harmonie darstellt“ (1,S.1302). Die höchste Harmonie ist das dynamische Gleichgewicht des Kosmos', von dem man allen Grund hat anzunehmen, dass es absolut ewig und unvergänglich ist (8,S.39). „Seine Lehre erfährt damit eine metaphysische Wendung in Richtung auf die Anerkennung eines ewigen Kreislaufs gleicher qualitativer Zustände“ (1,S.1302).

Bei Anaximander (611-546 v.Chr.) wird im Gegensatz zu den Denkern, die die Materie mit einer ihrer realen Erscheinungsformen gleichsetzen, vom **Apeiron**, einem materiellen, qualitativ unbestimmten und ungeformten Urstoff, ausgegangen. Als erstes, grenzenloses Prinzip liegt es jenseits aller beobachtbaren Realität. Unendlich in der Dauer, ohne Tod und ohne Verderben befindet es sich in ständiger Bewegung. Anaximander räumt zwar den Gottheiten des Mythos' keinen Platz mehr ein; das okkulte und halb personifizierte Apeiron aber ähnelt stark dem Chaos des Mythos' und der traditionellen Rolle der mythischen Götter (8,S.26f).

Empedokles (geb. 492 v. Chr.) gründet die Lehre von den **vier Elementen**, die ihn in Gegenstellung zu seinen Vorgängern bringt. Durch verschiedene Kombinationen der Elemente **Erde, Wasser, Luft und Feuer**, die als Lehre bis ins Mittelalter vorherrschen, gehen alle stofflichen Erscheinungen daraus hervor. Die physikalischen Wirkungen der Stoffe erklärt Empedokles durch sogenannte Emanationen oder Ausdünstungen, die aus den Poren aller Körper kommen und von einem Körper zu anderen übergehen, eine Konzeption, mit der er auch das Licht und alle gegensätzlichen Kräfte im Universum deutet. Die Gegensätzlichkeit nennt er Liebe und Hass - sie ist, ähnlich bei Heraklit, das Prinzip der Bewegung. Beide Urkräfte vereinigen und trennen, so dass ein ständiges Werden und Vergehen möglich wird (8,S.47ff).

Die Atomlehre des Leukipp und seines Schülers Demokrit (um 460-371 v. Chr.) ist der Höhepunkt der vorsokratischen Lehren. Nach ihnen besteht die Materie aus letzten, nicht weiter zerlegbaren Teilchen, den **Atomen**. Qualitativ gleichartig, doch an Gestalt und Größe verschieden, sind sie ewig, unzerstörbar, undurchdringlich und ihrer Zahl nach unendlich. Sie setzen einen leeren Raum als Bedingung ihrer Bewegung voraus. Die Mannigfaltigkeit der Welt resultiert aus der verschiedenartigen Bewegung der Atome, deren Vermischung. Durch das Aufeinanderprallen der Atome entstehen Wirbel, die als Anfang der Weltbildung anzusehen sind. Auf diese Weise entstehen und vergehen **unendlich viele Welten**, die nebeneinander und nacheinander existieren. Analoges gilt für die einzelnen Dinge. Das Denken ist ein Spezialfall der Atombewegung. Die das Denken hervorrufenden Atome sind nur runder und glatter und daher beweglicher als die übrigen (1,S.151). Auch die Seele des Menschen ist nur eine zeitweilige Verbindung besonders feiner und glatter Atome, die mit dem Tod vergeht. Aus der Sterblichkeit der Seele folgt, dass es keine jenseitige Welt gibt (1,S.768). Das gesamte Geschehen führen Leukipp und Demokrit so auf die Bewegung der Atome im leeren Raum zurück. „In Wahrheit“ gibt es nach Demokrit “nur die Atome und das Leere“ (2,S.85).

Der Atomismus des Leukipp und Demokrit brachte doppelten Verdienst. Zum einen erklärt er die Qualität durch die Quantität, das **Kontinuierliche** durch Kombination von **diskontinuierlichen Elementen**, zum anderen kennt er keine transzendente Ursache; denn es genügen ihm die Atome, ihre **Bewegungen** und das **Leere**. Die Ursache der Bewegung wird nicht angesprochen. Erst bei Epikur (341-271 v. Chr.) haben die Atome Schwere als Ursache von Bewegung. Auf Grund der Schwere aber würde die Bewegung von oben nach unten laufen und das verursachen, was Lukres (bis 55 v. Chr.) einen „Atomregen“ nennt. Epikur nimmt deshalb eine zweite Bewegung an, nach der die Atome die Tendenz haben, von der geraden Linie abzuweichen, um andere Atome anstoßen und sich mit ihnen verbinden zu können. Diese Bewegung ist die Deklination, die selbst keine Ursache hat (8,S.196f).

Mit der Annahme, dass die Atome ursachlos vom Weg abweichen und eine **Eigenbewegung** vollziehen, wird Epikur zum **Indeterministen**. Bezieht man die Eigenschaft der Atome auf den Menschen, dann entgeht man der Notwendigkeit des Schicksals. Dies hat Epikur gewollt. Denn wenn die Atome nach Schwere sich nur bewegten, dann hätte der Mensch keine **Freiheit**, dann würde er sich so verhalten wie die Schwerebewegung der Atome (8,S.197). Stirbt der Mensch, dann lösen sich die Atomverbindungen auf und nichts bleibt von ihm zurück. Die Fragen der Theodizee (Rechtfertigung Gottes hinsichtlich der von ihm zugelassenen Übel der Welt) und der Weltschöpfung berühren Epikur nicht. Er spricht zwar von Göttern, lässt diese aber, die auch nur Atomverbindungen sind, zwischen den Welten, von denen er eine Vielzahl annimmt, ein heiter-unbekümmertes Leben führen. Weder haben sie die Welt erschaffen noch greifen sie lenkend in sie ein (6,S.257). Der einzige Zweck ihrer Existenz besteht darin, ein regulatives Ideal für die menschliche Gesellschaft darzustellen! Die epikureische Theologie ist somit (anders als die der Stoiker) kein Teil der Physik.

Die Bedeutung der antiken Atomistik liegt darin, dass sie auf spekulative Weise von der Ewigkeit und Unzerstörbarkeit der Materie ausgeht und, ohne Annahme eines ersten göttlichen Bewegers, **Materie und Bewegung als Einheit** setzt. Darüber hinaus stellt der Atomismus eine Erweiterung der traditionellen Perspektiven dar, indem er besonders die alte zyklische Zeitauffassung ablehnt und die Unendlichkeit verschiedener Welten behauptet, statt einer einzigen oder zumindest einer zur Zeit. „Zum Beispiel entwickelt sich eine Welt wie ein lebendiger Organismus, mit einer Hülle, aber die Kräfte, die sie organisieren, sind streng mechanistisch; man sieht darin das Modell des Wirbels sich präzisieren," das schon „von Empedokles, wie es scheint, in der Beschreibung des Kampfes, den der Hass gegen die Liebe führt, angedeutet ist, aber diesmal reduziert auf die Rolle einer Art kosmischer Zentrifuge." Ebenfalls sind die **vier Elemente** (Erde, Wasser, Luft, Feuer) erhalten geblieben, die sich durch die Differenzen der konstituierenden Atome unterscheiden. Die Atome des Feuers beispielsweise sind rund und glatt. „Die Seele, das Prinzip des Lebens, ist auch nichts anderes als eine Zusammensetzung von Atomen dieser Gattung, die besonders fein sind und den Körper durchsetzen ... Die verschiedenen Empfindungsarten werden auf die Weise des Empedokles durch Ausdünstungen und Poren erklärt, wobei die

Ausdünstungen jetzt Atomströmungen sind“ (8,S.57f).

Die **Atomlehre** wurde in der Römerzeit hauptsächlich von den Dichtern Lukrez (bis 55 v. Chr.) und Horaz (65-8 v. Chr.) vertreten. Im Mittelalter wurde sie seitens der katholischen Kirche **bekämpft**, entstellt und im 17. Jahrhundert hauptsächlich durch den Denker P.Gassendi (1592-1655) erneuert, der sie mit der kirchlichen Lehre zu vereinbaren suchte.

Pythagoras (570-490 v. Chr.) und die nach ihm benannte Schule gibt auf die Frage nach dem Grundprinzip der Natur eine andere Antwort. Die **Pythagoräer** behaupten, dass in **Maß und Zahl** das wahre Prinzip der Realität liege, dass also der bestimmende Faktor physikalischen Geschehens nicht die Materie sei. Pythagoras entdeckte, dass Zahlen auch die Musik bestimmen und musikalische Akkorde einfachen Zahlenverhältnissen entsprechen. „Die Tetraktys, die **Summe der ersten vier ganzen Zahlen**, ist das geheiligte Symbol: Sie genügt, um die Akkorde der Oktave, der Quinte und der Quart zu bestimmen, die vier Zahlen sind jeweils verbunden mit dem Punkt, der Linie, der Oberfläche und dem Volumen, sowie mit den Entfernungen der Erde zum Mond, zur Sonne, zu den Fixsternen, etc.“ Die Zahlenharmonie dehnt sich auf den ganzen Kosmos aus, in arithmologischer Religion. Arithmetik und Musik sind demnach neben der Astronomie verwandte Disziplinen. „Alle Realität gründet sich also in ihrer gleichsam musikalischen Vollkommenheit auf die Zahlen“; die Zahlen lassen sich als Summe von Punkten zu Figuren anordnen und bestimmen somit auch die Formen aller Dinge, wie es die **vier vollkommenen Körper** (Würfel, Tetraeder, Oktaeder, Ikosaeder) zeigen, die gegen Ende der pythagoräischen Periode entdeckt wurden. „Die **richtige Proportion**, die Harmonie, vereint und versöhnt die Teilkräfte, die, sich selbst überlassen, in heftigem Widerstreit stünden“ (8,S.32). Das Mehr und das Weniger, das Hohe und das Tiefe etc. sind, wenn sie im richtigen Verhältnis zueinander stehen, **harmonisierbare Gegensatzpaare** und ihr Konflikt oder ihre Unordnung manifestiert sich nur, wenn ihnen das Maß fehlt. Das Maß als konstitutionelle Gleichheit der Komponenten bestimmt auch den Gesundheitszustand des Menschen. Die Polaritäten bilden gemeinsam in einem diesmal fundamentalen Gegensatz einen einzigen Terminus: das Unbestimmte, das *Apeiron,* das der günstigen und befriedenden Bestimmung eines höheren Terminus, der **Grenze**, unterworfen ist. Die Grenze oder höchste Einheit, die eine universale Affinität zwischen den Dingen begründet, ist Gott selbst.

Der frühe Pythagoräismus darf in seiner Bedeutung für die Entwicklung der Mathematik nicht überschätzt werden; der Satz des Pythagoras war schon den Babyloniern seit dem zweiten Jahrtausend v. Chr. bekannt. „Die Originalität des Pythagoräismus beruht offensichtlich vielmehr auf seinem Ideal der Präzision, das die **Grenze vergöttlicht**, und auf den mathematischen Spekulationen, die uns Gott ähnlich machen" (8,S.33). Die **bemerkenswerten Eigenschaften der Zahlen** und deren religiöse Erhebung zur Würde der an sich besonders interessanten Wirklichkeit sowie das tiefe Gefühl für deren genetische Einheit konnten den Sinn für die mathematische Beweisführung wahrscheinlich auf entscheidende Weise vorantreiben.

Die pythagoräische Schule erlitt in der zweiten Hälfte des fünften vorchristlichen Jahrhunderts mit der Entdeckung der ersten irrationalen Zahl: Wurzel aus der Zahl zwei, eine schwere Krise. Die Inkommensurabilität der Diagonale des Quadrats mit der Seite stellte die Pythagoräer vor das Problem der Kontinuität und führte wahrscheinlich zur Spaltung in Getreue (Akusmatiker) und Gelehrte (Mathematiker). Die Gelehrten waren dem Intellektualismus verbunden und Neuerungen gegenüber aufgeschlossen.

2. 4. Platonismus und Aristotelismus

Im vierten vorchristlichen Jahrhundert beginnt mit Platon und Aristoteles ein **anderes Kapitel** naturphilosophischen Denkens, das vom Primat der Idee (Idealismus), der Form, des Geistes, kurz vom **Bewusstsein**, ausgeht und darin **das Bestimmende** erblickt, während die Materie als Gesamtheit der Realität sekundär gedeutet wird. (In diesem Zusammenhang sei erwähnt, dass unter spezifisch pädagogischem Aspekt der heutigen Zeit und in Bezug auf die Beurteilung des heranwachsenden Individuums der Begriff der Materie auch mit dem der *Außen- oder Umwelt* und der Begriff des Bewusstseins (Begabung, Intelligenz ...) auch mit dem der *genetischen Anlage* des Individuums - teils unreflektiert - in mehr oder weniger deutlich werdenden Denk- und Gefühlszusammenhängen steht.) Dieses Prinzip wurde u.a. vorbereitet in der Lehre des Anaxagoras (um 500-428 v. Chr.), der zwischen Materie und einer Ursache der Bewegung, genannt **Nous (Weltgeist)**, unterschieden hatte. Nach Anaxagoras scheint sich der Nous einerseits auf eine Art dynamische Materie zu reduzieren, die nur feiner als die qualifizierte Materie ist, andererseits ist er als **geistig-allwissende Kraft** beschrieben, die an einen **Gott** erinnert, mit einer von der Materie gesonderten Existenz. In der Ideenlehre des Platon (437-

347 v. Chr.) wird dieses Prinzip als das Bestimmende in den Vordergrund gerückt.

Die **Ideen** sind nach Platon das eigentlich **Formende**. Sie bilden ein erhabenes Reich, an dessen Spitze die Idee des Guten und Göttlichen steht. Als ewige Ur- und Musterbilder bewirken sie, dass die sinnlich wahrnehmbaren Dinge ein bestimmtes Aussehen haben. Alle geistig-psychiche Tätigkeit ist ein Werk der **immateriellen und unsterblichen Seele**.

Die menschliche Seele hat einmal im **Reiche ewiger Wahrheit** gewohnt und alle Ideen geschaut. „Beim Eintritt in den Körper hat sie Wahrheit vergessen, und im Reiche des Werdens, d.h. dieser unserer uns durch die Sinne gegebenen, unbeständigen Welt, in der sie nun wie in einer Höhle festgeschmiedet weilt, begegnen ihr an den sinnlichen Gegenständen die Ideen nicht unmittelbar und rein. Wohl aber sieht sie hier in den Gegenständen Abbilder der Ideen ... Es ist nun die **Aufgabe unserer Seele**, nicht an den unvollkommenen, vergänglichen Abbildern hängenzubleiben oder sie gar für das letzte, wirkliche Sein zu nehmen, sondern aus der Welt des Werdens zur Welt des in sich ruhenden, übersinnlichen Seins vorzustoßen, d.h. durch Denken und Lernen auf allen Gebieten in sich die ‚vergessenen' Urbilder hervorzuholen und von diesen Ideen her **die sichtbare Welt und das menschliche Leben zu gestalten**. Wer die Ideen in Reinheit schauen will, muss die Wendung nach innen vollziehen. Er muss von den sinnlichen Dingen gerade wegschauen und Einkehr im rein Geistigen halten, wie die Mathematik und die Philosophie das mit größter Klarheit und in strengster Form tun."

Die „menschliche Seele" vergleicht Platon „mit einem Wagengespann: einem Wagenlenker (Vernunft) mit einem besseren Pferd (Wille) und einem wilderen Pferd (sinnliche Begierde). Wollen und Sinnlichkeit sollen im Menschen durchaus ihren Platz haben, aber er ist erst dadurch wirklich Mensch, dass die **Vernunft** über beide herrscht oder doch herrschen soll (wie der Wagenlenker über die Pferde)" (7,S.31). Erst durch die Vernunft ergibt sich die **Grundtugend der Gerechtigkeit**. Überträgt man dies auf den Erkenntnisprozess, so hat die Wissenschaft nur begrenzte Möglichkeiten, die Welt rational zu erklären: Mit der Willkür und Sinnlichkeit der Materie liegt die Vernunft in ständigem Ringen. „Nur durch Überredung kann die Vernunft die ‚Notwendigkeit' überwinden, sie wird jedoch niemals einen vollständigen Sieg davontragen können. Mit anderen Worten: Jedes rationale Weltbild wird stets einen irrationalen Rest enthalten" (2,S.61).

Platons naturphilosophisches Denken ist von den Pythagoräern beeinflusst worden. Er entwirft eine Art Programm mathematischer Naturerklärung, betont im Dialog „Timaios“ die überragende Bedeutung der **Mathematik als Sprache der Naturwissenschaft**. Seine geometrische Theorie der Materie mit der Zuordnung der vier vollkommenen Körper zu den entsprechenden vier Elementen war für die damalige Zeit zu künstlich; als Beginn einer mathematischen Physik kann sie dennoch angesehen werden.

Platons Forderung, die Planetenumläufe als Kombination gleichförmiger Kreisbewegungen darzustellen, hat weitreichenden Einfluss bis C.Ptolemaios (etwa 85-160). Im ewigen Rhythmus periodisch vollkommener Bewegungen sah er den sinnfälligen Ausdruck der *Weltseele.* In dieser Einstellung zu den Himmelserscheinungen sind die Anfänge einer *Teleologie* erkennbar, die auch in der Allegorie vom *Demiurgen,* der die Welt nach einem vorbedachten Plan erschafft, zum Ausdruck kommt (2,S.62). Die Bewegung und Entwicklung der Welt wird also nicht kausal, sondern *final* gedeutet, als Resultat der immateriellen, zwecksetzenden und letztlich göttlichen Idee.

Aristoteles (384-322 v. Chr.) gilt als eigentlicher Begründer der Teleologie. Seine teleologische Einstellung zu den Naturphänomenen erscheint schon am Anfang seiner Physik. Um den Ursprung, die **Ur-Sache der Naturerscheinungen** aufdecken zu können, werden die Prinzipien der Natur- und Geistesvorgänge erörtert.

Aristoteles unterscheidet **vier Arten** von Ursachen: Materialursache, Formursache, Wirkursache und Zweckursache. Die Material- und Formursache bestimmen das Sein des Gegenstandes. Die Form durchdringt den unbewegten Stoff, die Materie, macht ihn zu einem konkreten, wirklichen Ding. Dagegen beziehen sich die Wirk- und Zweckursache auf das „Werden“ des Gegenstandes. Die Wirkursache ist im Sinne eines äußeren Anstoßes der Bewegung zu verstehen und die Zweckursache als der Zweck, um dessentwillen etwas geschieht oder eine bestimmte Tätigkeit ausgeführt wird (1,S.1245). Ohne Zweckhaftigkeit der Erscheinungen der belebten und unbelebten Natur bleiben die ersten drei Ursachen ohne Bedeutung; die Zweckursache schließt also die anderen Ursachen in sich ein.

Materie besitzt nach Aristoteles keinerlei Eigenschaften. Ihrem Wesen nach ist sie träge, passiv, erhält ihre konkrete Bestimmung erst durchs tätige Prinzip: die **Form**. Existieren kann Form jedoch nur in und am

Materiellen. Es gibt kein rein Materielles, das in sich Form und Zielstrebigkeit (Entelechie) schon hätte (Entelechie: in sich selbst das Ziel haben). Schon geformte Materie kann neuer, höherer Formung unterworfen werden, so dass ein Stufenreich entsteht von den Elementen über die Pflanzen und Tiere bis zum Menschen. „Das Formende bei den Lebewesen ist die **Seele**“ (7,S.34), die aber nicht nur vollkommene, unvergängliche Form, sondern aktive, an den Organismus angepasste Potenz ist, also Lebensfähigkeit, die vollauf in Kraft treten kann, wenn sie ihren Körper „beseelt“, dessen sämtliche Funktionen sie in der Tat lenkt, um sich seiner als Instrument zu bedienen; „die Seele ist Form-, Wirk- und Zweckursache der Entwicklung, der Erhaltung und der Betätigung des Körpers, an den sie gebunden ist“ (8,S.164).

Mit dem Begriff der Seele wird angeknüpft an die Philosophie Platons. „Während Platon“ aber „die Welt der Begriffe scharf von der körperlich-sinnlichen Welt scheidet und dabei im Grunde doch das Diesseits und das Individuelle entwertet, äußert sich in Aristoteles ein realistisches Lebensgefühl. Der Leib ist bei ihm nicht ein Gefängnis für die Seele; die Körperwelt überhaupt ist nicht bloßer Ausdruck des Geistes, sondern Körperwelt und Ideen sind für Aristoteles letztlich eines. In den Dingen selbst liegen die Ideen; denn die Ideen sind nichts anderes als die Form der Dinge“ (7,S.34).

Form und Zielstrebigkeit nennt Aristoteles Entelechie, die einem inneren Plan des Werdens vom Einfachen zum Komplexen entspricht. Soll sich der göttliche Schöpfungsakt - anders als bei Descartes - nicht jedes Mal wiederholen, dann steht die Wissenschaft vor der Aufgabe zu klären, wie Strukturen von allein gebildet werden oder mit anderen Worten, wie diese sich selbst organisieren (20,S.13). Mit dieser **Problematik der Selbstorganisation** sind selbst die heutigen Systemtheoretiker noch befasst (**vgl. Vorwort**).

Nach Aristoteles existiert Gott als materiefreie Form - gedacht nicht als Schöpfer der Welt, die gleich ewig mit ihm ist, sondern als Wesen, das, selbst unbewegt, alles andere in Bewegung hält, und zwar dadurch, dass sich alles nach ihm sehnt (6,S.254). Gott ist die Zweckursache, die durch die Liebe, die sie hervorruft, bewegt, so dass das höchste Ziel und die erste Quelle zusammengehören. Liebe entspricht nicht einer Vision mittels Initiative; sie besteht in einer spürbaren Anziehung, deren Zweckursache zugleich die Wirkursache ist (8,S.160f).

Aristoteles' berühmte Theorie von den **vier Ursachen** ist nichts anderes als eine Beschreibung der **Beziehung zwischen Form und Materie**. Die Form ist bezüglich der zu formenden Materie das Prinzip der Bewegung und bezüglich der geformten Materie das Prinzip der Ruhe. Bewegung wird also, im Gegensatz zur atomistisch-materialistischen Lehre Demokrits, von der Materie getrennt. Reale Bewegungen sind die Ortsveränderungen, aber auch qualitative Veränderungen und Entwicklungen. Der Raum, in dem die Bewegung abläuft, wird als endlich, die Zeit als ewig angesehen. Ein Vakuum ist im Gegensatz zu Demokrit nicht möglich, weil jede sich bewegende Materie ein Medium braucht. Raum und Zeit sind voneinander unabhängig und kontinuierliche Größen. Die Zeit wird mit der Bewegung verknüpft. Als Maß der Bewegung ist sie einem früheren und einem späteren Moment zugeschrieben, wobei jedem Moment eine Zahl zugeordnet wird. Zeit ist nach Aristoteles die Zahl der Bewegung in Bezug auf früher oder später.

Aristoteles übernahm die Lehre von den vier Elementen, die Empekokles eingeführt hatte. Platons geometrische Theorie lehnte er ab, ebenso die Atomlehre des Leukipp und Demokrit. Nach ihm ist die Materie kontinuierlich aufgebaut, ohne Eigenschaftsänderung beliebig teilbar. Qualitative Stoffveränderungen entstehen bei Umwandlung eines Elements in ein anderes. „Da die vier Elemente nach Aristoteles Kombinationen der vier Qualitäten sind (d.h. der zwei Gegensatzpaare warm-kalt, feucht-trocken), kann jede solche Umwandlung durch den Austausch einer Komponente mit einer anderen erklärt werden" (2,S.63).

Das **Universum** existiert nach Aristoteles **als Kugel**, deren Umfang durch die Sphäre der Fixsterne begrenzt ist. Innerhalb der Kugel verlaufen konzentrische Planetensphären mit der ruhenden Erde im Mittelpunkt. Himmel und Erde sind voneinander getrennt, so dass sich eine himmlische und eine sublunare Region ergeben. Während die sublunare Region sich aus den vier Elementen *Erde, Wasser, Luft, Feuer* zusammensetzt, besteht die himmlische Region mit ihren Sphären und den an sie gehefteten Sternen aus dem **fünften Element**: dem qualitätslosen **Äther**.

Die **Zweiteilung des Universums** in eine sublunare und eine himmlische Region war bis in die Neuzeit hinein ein wesentlicher Bestandteil der Weltanschauung und hemmte den naturwissenschaftlichen Fortschritt erheblich (2,S.62). Das astronomische Standardwerk wurde aber der „Almagest", der um die Mitte des zweiten Jahrhunderts n. Chr. erschien. Dieses Werk von C.Ptolemaios (um 85-160), mit der **Erde als Weltenmitte**, war dann über 1400 Jahre das bestimmende Buch der Astronomie bis Kopernikus (1473-1543). Es war der Versuch, „die Phänomene zu retten", wie Platon gefordert hatte. „Aber von der ursprünglichen Absicht Platons, dass den göttlichen Gestirnen einfache regelmäßige Bewegungen zukämen, war in dem komplizierten System der Exzenter und Epizykeln nicht mehr viel übriggeblieben." (3,S.45)

Für Platons Weltansicht, im Dialog „Timaios" geschildert, hatte Eudoxos von Knidos, ein Zeitgenosse Platons, ein geozentrisches Modell mit konzentrischen Sphären erdacht. Nachteilig ist der konstant bleibende Abstand jedes Planeten von der Erde, mit dem die wechselnde Planetenhelligkeit nicht erklärt werden kann. Daneben hat es noch andere Vorstellungen gegeben. Ein System mit der rotierenden Erde im Mittelpunkt (aus dem vierten vorchristlichen Jahrhundert, Hiketas und Ekphantos zugeschrieben) ist das erste einfache Weltsystem. Über eine Zwischenstufe ist es dann um 280 v. Chr. zum **heliozentrischen System** des Aristarchos von Samos gekommen, dem zweiten einfachen Weltsystem, bei dem die Sphären der Fixsterne wegen des Fehlens einer *Parallaxe* aber sehr groß sind. Aristarchos hat gelehrt, dass nicht die Fixsterne, sondern die Erdkugel sich an jedem Tag um eine schrägstehende Achse drehe und zudem jährlich um die Sonne wandere. Allein seine Zeitgenossen haben die Lehre **nicht verstanden**. Gegen die Annahme einer rotierenden Erde hat Aristoteles argumentiert. Die Ordnung des Kosmos' nach „leicht" und „schwer" fordert nach ihm eine im Mittelpunkt der Welt ruhende Erde. „So kam es, dass man zur Vorstellung der ruhenden Erde zurückkehrte. Man hätte sonst die ganze Physik ändern müssen" (3,S.44).

„Im System der ruhenden Erde musste man wegen der ungleichen Länge der Jahreszeiten einen exzentrischen Kreis als Sonnenbahn annehmen, bei fortschreitend genauerer Beobachtung einen Exzenter mit umlaufendem Mittelpunkt. Die Rückläufigkeiten der äußeren Planeten erforderten einen Epizykel: Der Planet läuft auf einem Kreis, dessen Mittelpunkt wieder auf einem Kreis um die Erde läuft. Durch Kombination von Exzenter und Epizykeln konnte man komplizierte Planetenbewegungen wiedergeben" (3,S.44f). Systematisch zusammengefasst wurde die Astronomie um 140 n. Chr. von C.Ptolemaios. Die veränderliche Helligkeit der Planeten lässt sich damit deuten.

Trotz der Erfolge konnte das geozentrische System nicht restlos überzeugen - wegen großer Kompliziertheit. Im Lehrbuch der Astronomie des Proklos (410-485) spürt man die Zweifel eines orthodoxen Platonikers, der den originalen Gedanken Platons von der **Einfachheit und Regularität** der Himmelsbewegungen mit den Hypothesen und Berechnungen der geometrischen Astronomie vergleicht (2,S.68).

2. 5. Stoizismus

In der hellenistischen und römischen Periode der antiken Philosophie trat fast gleichzeitig mit dem Epikureismus noch eine andere weit verbreitete Lehre hervor: der Stoizismus. Hinter den Erscheinungen nimmt der Stoizismus ein feinmaterielles, **vernünftig waltendes Urprinzip** an, das als eine Art Fluidum das ganze Universum durchdringt. Dieses Prinzip, genannt **Pneuma** (Lebenshauch, **Geist**), besteht aus einer Mischung der aktiven Elemente Feuer und Luft. Es hat elastische Eigenschaften und wirkt durch seine Spannung in der Art eines **Kraftfeldes**, das die Teile des Universums zusammenhält und ihre Zerstreuung in die unendliche Leere verhindert (8,S.185). Die elastische Eigenschaft dient nicht nur dem Zusammenhalt der Materie, sondern auch der Weiterleitung physikalischer Wirkungen, so dass die Mannigfaltigkeit der Erscheinungen in einer Art **Spannungsbewegung** entsteht, ähnlich der Bewegung einer stehenden Welle, deren Eigenschaften die Materie spezifisch formt. Die Eigenart der Bewegung bestimmt sowohl die Zustände anorganischer als auch organischer Körper in allen ihren Äußerungen, also Physe und Psyche (2,S.65f). Das organische und anorganische Dasein ist folglich nicht frei. Es muss dem **natürlichen Gesetz** folgen (**dem Gesetz der Natur**). Alles ist untereinander und mit ihm verbunden - schicksalhaft. Im Universum kann sich nichts ereignen, was nicht eine Ursache von etwas ist, das ihm folgt und mit ihm verbunden ist. Das Universum selbst ist ein geeinter, endlich ausgedehnter Körper, in dem die Teile miteinander sympathisieren. Innerhalb des Universums gibt es keine leeren Stellen, und die Teilbarkeit der Teile setzt sich analog der Zeit bis ins Unendliche fort. Außerhalb des Universums existiert das Leere als unendlich ausgedehnter Raum, in dem sich das Universum als Körper befindet (2,S.131ff).

Im Laufe der Entwicklung erfuhr der Stoizismus platonische und aristotelische Beimischungen (8,S.179). Seine Physik unterscheidet sich wesentlich vom epikureischen Atomismus. Mit der Annahme des Pneumas wird der Gegensatz zwischen „Einem“ und „Vielem“ im Bereich des ganzen Universums überwunden. Als **dynamisches Kontinuum** gilt das endlich ausgedehnte **Universum**. Vom Pneuma wird es in totaler Mischung durchdrungen, so dass die Teile eine kohärente Einheit bilden.

Die Stoa fasst das Pneuma als immanentes Organisationsprinzip auf, als **universeller Logos**: **Gott**. Nicht als metaphysische Größe wird Gott angenommen, sondern als Realität! Die **stoische Physik** kulminiert, im Gegensatz zum Epikureismus, in einer Theologie des kosmischen Gottes. Sie lehrt einen **Pantheismus**: Welt und Gott sind identisch. Nicht von Gott wird die Welt aber beherrscht: Sie selbst ist Ursache ihrer Bewegung und Entwicklung. Das Geschick, das die Ereignisse durch das Pneuma verbindet, ist nur ein anderer Name für die **Vorsehung** (8,S.185f). Die Kontinuität des Universums ist durch das Pneuma bedingt. Dies führt zu einem konsequenten **Determinismus**.

2. 6. Neuplatonismus

Der Neuplatonismus ist die letzte große Seinsdeutung, zu der sich der antike Geist im dritten nachchristlichen Jahrhundert noch einmal erheben konnte (6,S.258). Mit ihm wird versucht, die griechisch-römische Philosophie unter Verwendung religiöser Gedanken zu einem System zusammenzufassen - insbesondere den **Platonismus, Aristotelismus** und **Stoizismus**. Das System baut auf den Hauptlehren Platons auf und übernimmt die Problematik und Terminologie von den großen Philosophien Griechenlands. Dabei kommt es zu einer Erweiterung von Lösungen, die den Rahmen der bereits anerkannten Ideen sprengen.

Plotin (204-270), der Begründer des Neuplatonismus, versucht, jene **Grenze**, die das „Unsagbare“ umgibt, zu **durchdringen**. Platon begnügte sich nicht damit, wie Aristoteles uns überliefert hat, das Sinnliche aus den Ideen abzuleiten. Für ihn war wichtig zu erfahren, wie und woher die Ideen kommen, und er meinte, dass zwei Prinzipien gesetzt werden müssten: ein formales Prinzip der Einheit und der Bestimmtheit, das Platon „**das Eine**“ nannte, und ein materielles Prinzip, genannt die unendliche Dyade des Großen und Kleinen.

Plotin versucht, hinter diese Dualität zurückzugehen. Nach ihm gilt das Eine als **primäres Prinzip**. Er fragt deshalb: Verharrt das Eine in sich selbst? regt es sich? wirkt es dort, wo Mängel bestehen? negiert es sich in der Vielheit? Ein ganz und gar göttliches Wesen aber hat allein daran genug, in sich selbst stille zu sein und das zu bleiben, was es ist. In der Natur stellt man hingegen fest, dass jedes, das zur Reife gelangt ist, ein anderes hervorbringt. Nichts gibt sich zufrieden und verharrt in sich selbst. Dem primären Prinzip müsste folglich zueigen sein, zu strömen, ohne aus sich herauszugehen, sich zu entäußern, ohne sich zu mindern.

Das Viele aus dem Einen beruht auf der Freigebigkeit und dem Rückhalt zugleich. Dieser Widerspruch ist nur scheinbar; denn das Eine ist kein Seiendes. Wäre das Eine ein Seiendes, dann könnte man fragen, was das Sein dieses „Seienden" wäre. Das Eine ist absolute Transzendenz, **weder sinnlich noch intellektuell zugänglich**. Es liegt jenseits vom Seienden und jenseits von dem, was wir sagen könnten: Es ist unaussprechlich.

Alles Seiende kommt durch das Eine, denn das Sein des Seienden ist das Eine, d.h. Gott. Als primäres Prinzip ist es Ursache von allem Seienden, aber selbst ein Nicht-Seiendes. Die Dinge entstehen durch eine Art Ausströmung (Emanation) aus dem Einen (8,S.210ff). Ihre Weltwerdung vollzieht sich in Stufen, deren erste intelligibel ist und den Geist oder *Nous* meint, der als Hort und Heimat der *Ideen* Platons anzusehen ist. Aus dem Nous emaniert die Weltseele, die sich in Einzelseelen zerlegt. Die Materie ist der Endpunkt, wo sich die Ausströmung erschöpft (6,S.258). Im Unterschied zum Geist ist sie unfähig zur Sammlung und ohne Bewusstsein. Die Materie ist am weitesten vom Einen entfernt.

Anmerkung: Das Sein, sprich Gott, wäre ohne Seiendes einsam, ja sinnentleert. Dem „ersten" *Seienden* (Geist, Form, Idee) muss ein deutlicher Name gegeben werden: das **Gesetz der Natur** (vgl. Pneuma, 2.5).

In der Abhandlung „Das Schöne" (8,S.215f) fragt Plotin nach dem Wesen des Kunstwerks und stellt fest, dass das Schöne kein Zusammengesetztes ist, da es im Einfachen vorkommt, wie im Blitz oder im Sonnenstrahl. Die Schönheit steckt auch nicht in der Seele, die zwar ihrerseits empfinden, jedoch nicht definieren kann. Zu suchen ist sie auf der Ebene des Geistes, der vom Rang der Form und der Idee ist. Nun ist der **Geist** aber **nur Zweites** im Verhältnis zum Einen. Er ist nur Manifestation des Einen; denn das Eine liegt als primäres Prinzip jenseits jeder Erfahrung. Auch das Schöne ist darum Zweites, wie die Form und die Idee (**Gesetz der Natur**). Man kann sagen: Die Idee (das Gesetz der Natur) ist die Manifestation des Einen und das Wesen der Schönheit wohnt in dieser Manifestation; das Schöne wird sichtbar in der Unteilbarkeit der Vielheit, aber das Unteilbare ist selbst jenseits seiner eigenen Schönheit.

In der Darstellung bevorzugt Plotin das Bild der Ausströmung und Erleuchtung, was die Unendlichkeit der Kraft und die Unbewegtheit der Quelle nahe legt. Die Quelle ist das, was strömt, ohne sich zu mindern, und das, was Form gibt, ohne selbst Form zu sein. *Emanation, Harmonie, Form, Idee:* Alle klassischen Begriffe erscheinen im Neuplatonismus wieder, jedoch in neuer Stellung auf das Eine bezogen (8,S.217). Das Eine ist der allgegenwärtige Gott, der sich in überrationaler Weise erfahren lässt, in mystisch-ekstatischer Versenkung. Bei höchstem Gelingen, im Zustand der Ekstase, kann es zur Vergottung kommen, indem der Mensch mit dem Göttlichen verschmilzt. Diese mystische Schaumöglichkeit geht zusammen mit der *negativen Theologie:* Durch begriffliches Denken lässt sich Gott nicht fassen, keine Prädikate können von ihm ausgesagt werden. Von einem solchen Gott lässt sich auch nicht sagen, dass er die Welt erschaffen hat (6,S.258). Bei Plotin findet sich nur die Metapher, dass die Dinge, und zunächst die intelligiblen, aus dem Einen emanieren.

Der Neuplatonismus vertritt einen **Panentheismus**, wobei das Einen als primäres Prinzip gilt. Nicht immer lässt sich der **Pantheismus**, der Gott und Welt gleichsetzt, vom Panentheismus trennen. Der Panentheismus behauptet, dass die Welt in Gott sei, dass sie vom Göttlichen unendlich übergriffen werde. Wenn aber die Welt, das Universum, eine *unendliche* Ausdehnung hätte, und niemand kann das Gegenteil beweisen, dann wäre der Panentheismus mit dem Pantheismus vereint.

Als historisch erste Quelle des Pantheismus gilt die Lehre des Xenophanes (um 570-470 v. Chr.). Berühmt ist sein spöttischer Ausspruch über die homerische Götterwelt: „Wenn die Tiere malen könnten," so bemerkt er, „sie würden die Götter nach ihrem eigenen Bild darstellen." Und er fügt hinzu, um das zu stützen, dass sich die Götter voneinander unterscheiden, wie die Menschen, die sie verehren. Xenophanes stellt dem griechischen Polytheismus *das Eine* als Gottheit entgegen, die er mit dem Weltall identifiziert. Die Religion selbst will er nicht angreifen, nur eine **hohe und reine Vorstellung vom Göttlichen** vermitteln. Gott ist einzige und absolute Macht. Er durchdringt die Dinge mühelos und verschmilzt mit der sphärischen Einheit der Welt (8,S.29f).

Der Pantheismus der Stoa und alle darauf aufbauenden und weiterentwickelten Formen befinden sich in einer gegensätzlichen Stellung zur christlichen Religion, sind jedoch nicht antireligiös, auch wenn die katholische Kirche ihre Vertreter verfolgte. Nicht Gott, sondern nur die Behauptung von der Erschaffung der Welt wird im Pantheismus geleugnet. **Gott** ist Bewegung und Form, **Geist und Materie**. Die Eigenschaften der Welt sind göttliche Eigenschaften.

Der Pantheismus tritt in der Geschichte der Philosophie noch anders auf. Gott gilt als Alleinheit, als absoluter Geist oder Wille, so dass die Welt nicht Gott ist, sondern aus Gott hervorgeht. Mit anderen Worten: Diese Form von Pantheismus setzt Gott und Welt nicht absolut, sondern nur relativ identisch, lässt zwischen Gott und Welt ein eingeschränktes Verhältnis bestehen, räumt Gott den Vorrang ein. Die Annahme befindet sich daher in einer bloß unterschiedlichen Stellung zur christlichen Religion (1,S.909f). In der Geschichte der Philosophie ist sie, wie im Neuplatonismus, meist in mystischer Geisteshaltung aufgetreten, wobei der menschliche Verstand als unzulänglich betont wird. Auch im Mittelalter ist sie so aufgetreten.

Oft gerieten mystische Lehren in starke **Spannung** zur **katholischen Kirche**, und zwar darum, weil der mystische Weg zu Gott einsam ist, nur von dem in „Ekstase" geratenen Menschen betreten werden kann. Solche Vorgänge der „Selbsterlösung" aber will die katholische Kirche nicht dulden, weil sie die Vermittlungsinstanz zu sein behauptet, ohne die der Mensch zum Heil nicht gelangen kann (6,S.258).

2. 7. Zusammenfassung unter den Aspekten einer materialistischen und idealistischen Naturauffassung

Für die antike Epoche soll das Wichtigste zusammengefasst werden. Die griechische Naturphilosophie begann um die Mitte des 6. Jahrhunderts v. Chr. in ionischen Städten an der Westküste Kleinasiens. Die Plötzlichkeit des Übergangs vom Mythos zum Logos schließt nicht aus, dass die Transformation mythologischer Konzepte in wissenschaftliche Gegenstücke ein langwährender Prozess war (2,S.11). Begonnen wurde der Prozess an einem Thema, das für die gesamte Philosophie bedeutungsvoll ist.

Im Vordergrund stand die Frage nach der letzten Einheit hinter den Erscheinungen, die zur **Grundfrage der Philosophie** geworden ist. Diese Frage ist deshalb wichtig, weil die gesamte irdische und kosmische Welt in Gestalt oder Form auftritt. Fast zwangsläufig ergibt sich daraus eine Gegenüberstellung von Stoff und Form, Material und gestaltender Kraft.

Auf verschiedenen Stufen sind die Probleme behandelt worden. Entstanden sind daraus viele Systeme und Anschauungen, die sich, je nach **primärem Prinzip**, in zwei Grundrichtungen - die materialistische und idealistische Philosophie - einteilen lassen.

Der **philosophische Materialismus** beantwortet die Grundfrage der Philosophie dahingehend, dass das **gesellschaftliche Sein** (bezieht sich bei der Beurteilung des heranwachsenden Individuums auf dessen **Umwelt**) als primäres Prinzip gelten müsse. Das gesamte Weltgeschehen - einschließlich des Geistes - wird als Wirkung der Materie und deren Bewegung in Raum und Zeit aufgefasst, ohne Zuhilfenahme übernatürlicher Ursachen oder Wesen (materialistischer Monismus). Thales erhebt das *Wasser* zum einheitlichen materiellen Prinzip, das alle Naturerscheinungen hervorbringt, Anaximander das *Apeiron,* den unbegrenzten und ewigen Weltstoff, Anaximenes die *Luft,* Heraklit das *Feuer,* als Quelle ununterbrochener Bewegung. Bei Leukipp, Demokrit und Epikur sind kleinste materielle Teilchen als Grundelemente angenommen - die *Atome* -, welche die Dinge und Lebewesen aufbauen.

Im Mittelalter konnte die Atomlehre keine Anerkennung finden, da sich das Denken unter theologischer Führung vollzog: im Abendland hauptsächlich unter christlicher, im Mittelmeerraum unter jüdischer und islamischer Führung.

Der **philosophische Idealismus** beantwortet die Grundfrage der Philosophie dahingehend, dass der Geist, die Idee, das **gesellschaftliche Bewusstsein** (bezieht sich bei der Beurteilung des heranwachsenden Individuums auf dessen **genetische Anlage**) als primäres Prinzip gelten müsse. Der Geist ist entweder metaphysisch wirklich, so dass die Materie abgeleitet wäre, oder neben der Materie, dann aber dieser übergeordnet und sie gestaltend. In der einen oder anderen Form wird das rein Geistige mit dem Logos der Welt (Gott) gleichgesetzt oder auf ihn zurückgeführt. Gott hat die Welt erschaffen oder Gott ist die Welt. Das **göttliche Gebot**, das offenbart worden ist, soll der Mensch befolgen: das Liebesgebot, auch **Offenbarung** genannt (vgl. 6.2).

Die Entwicklung geht von Platon aus, der das Geistige - die transzendenten Ideen - als außerweltlich ansetzt. Für Aristoteles hingegen wirken die Ideen nicht außerhalb der greifbaren Dinge, sondern als Form der Dinge, als bewegende Kraft oder Energie (Entelechie), was besagt: Gott ist in der Welt! Der Neuplatonismus behauptet dann, dass die Welt zwar in Gott sei, jedoch vom Göttlichen unendlich übergriffen werde.

Anmerkung: Geist, Form, Idee sollten als **Gesetz der Natur** (natürliches Gesetz) aufgefasst werden, dem ein anderes beizuordnen wäre: das **Gesetz des Rechts** (staatliche Gesetz, vgl. 2.6; 1).

Im Pantheismus der Stoa sind Gott und Welt gleichgesetzt. Als Erschaffer der Welt tritt Gott nicht auf: Integriert ist die Religion in der Physik, und zwar durch das Pneuma. Nicht so sehr die stoische Lehre aber ist zur Geltung gekommen, vielmehr die von Platon und Aristoteles. Der extreme Feind des Christentums war und ist der Materialismus, weil er die Annahme eines Gottes ablehnt (nicht zwingend).

Zwischen der materialistischen und idealistischen Lehre steht der Pythagoräismus, der behauptet, dass die belebte und unbelebte Natur durch **Maß und Zahl** bestimmt werde. Die bemerkenswerten Eigenschaften der Zahlen, deren Erhebung zur religiösen Bedeutung sowie das tiefe Gefühl für deren genetische Einheit und Grenze konnten die mathematische und naturgesetzliche Beweisführung wohl entscheidend vorantreiben. Man denke diesbezüglich auch an die **Informatik**, die jede Wissenschaft nutzt, fast alles darstellt und auf Zahlen aufgebaut ist. Der **Informationsbegriff** ist also wichtig geworden. Gegen Ende des Buches wird noch mehrmals darauf eingegangen.

In der Antike sind Zusammenhänge nicht wissenschaftlich nachgewiesen worden, nur spekulativ als Resultat der unmittelbaren Anschauung. Die Materialität der Erscheinungen aber hat zur Einsicht geführt, dass die Welt besser verstanden würde bei Untersuchung der einzelnen Stoffe und deren Bewegung in Raum und Zeit. **Stoff** (Materie), **Raum, Zeit** und **Bewegung** sind die **vier wichtigen Begriffe**, die in Beziehung gebracht worden sind.

Schon früh wurden zwei gegensätzliche physikalische Konzeptionen ausgearbeitet: **Atomlehre** und **Kontinuumslehre**. „Während die Atomlehren von Leukipp, Demokrit und Epikur“ ohne Annahme eines göttlichen Schöpfers oder ersten Bewegers „auf der Partikelvorstellung aufgebaut und mit den Konzepten von Stoß, Anordnung und Form assoziiert war, stand im Mittelpunkt der Kontinuumslehre der Stoiker die Vorstellung vom alldurchdringenden Pneuma, dem wissenschaftlichen Analogon des allgegenwärtigen Gottes, verbunden mit dem Begriff der Spannung und dem Prinzip der Superposition von Zuständen“ (2,S.13). **Partikelvorstellung** einerseits und **Kontinuumsvorstellung** andererseits stehen sich als **zwei** gegensätzliche physikalische **Konzeptionen** fortan gegenüber!

3. Mittelalterliches Denken

Infolge der Völkerwanderung kam es vom 5. bis 7. Jahrhundert zu großen Änderungen auf der politischen Landkarte. An die Stelle des Römerreiches, das schon in Ost und West geteilt worden war, traten neue Machtgebilde. Das waren im Süden von Spanien bis Iran der Islam, im Nordwesten die germanisch bestimmten Vorstufen des Abendlandes, im Nordosten die Slawen und dazwischen der Rest: das Oströmische Reich, das im Laufe der Zeit immer mehr schrumpfte. Es besaß wenig wissenschaftliche Kraft. Man pflegte die griechische Tradition und lehrte Platon und Aristoteles, bis es 1453 zu Ende war.

Im **Herrschaftsbereich des Islam** kam die hellenistische Kultur zum Tragen. In den Bildungszentren Syriens wurde sie in syrischer, in Alexandria in griechischer Sprache gefördert. Im 9. Jahrhundert bildeten sich in Bagdad große Übersetzerschulen, die die antiken Werke, vor allem Aristoteles, Euklid und Ptolemaios, aus dem Syrischen und Griechischen ins Arabische übersetzten und so allgemein zugänglich machten. Insgesamt überwog die aristotelische Ausrichtung. Allerdings handelte es sich nicht um einen reinen, sondern um einen neuplatonisch gedeuteten und umgearbeiteten Aristotelismus. Ursache für diese Erscheinung war die ungenaue Überlieferung des Schriftguts. Auch wurden Aristoteles Schriften zugewiesen, die Werke oder Werkauszüge neuplatonischer Philosophen waren, wie z.B. Plotin oder Proklos. Zudem gingen die **arabischen Philosophen** sehr selbständig mit dem **griechisch-geistigen Erbe** um. Besondere Verdienste erwarben sie sich in der Mathematik (arabische Zahlen), der Astronomie, der Optik und der Medizin. Auch versuchten sie, den Gegensatz von Materie und Form zu überwinden und gelangten so zu **pantheistischen Schlussfolgerungen**.

3. 1. Geistige Führung der katholischen Kirche

Wegen der Verwüstungen, die die Völkerwanderung in Europa angerichtet hatte, sank der Westen, im Gegensatz zum Osten, auf eine primitive Zivilisationsstufe. Klöster und Klosterschulen wahrten aber die geistige Einheit, so dass die Organisation der katholischen Kirche den **römischen Staat** überdauern konnte, der **als „Idee“** bei der germanischen Herrenschicht **weiterexistierte**. Der Norden, der außerhalb des Reiches lag, wurde von der Kirche gebändigt und an Rom gekettet. Die Kirche übernahm die geistige Führung während des ganzen Mittelalters. Alles Philosophieren wurde in ihren Dienst gestellt. Auf den Menschen allgemein richtete sich das Denken, auf seine Beziehung zu Gott und den Mitmenschen. Im abendländischen Europa waren die Mathematik und die Naturwissenschaften nicht mehr das zentrale Anliegen.

Zu den Männern, die das geistige Profil des Abendlands gestaltet haben, gehört insbesondere Augustinus (354-430). Für ihn ist Platon eine Art Wegbereiter des Christentums, wobei seine Gedanken überwiegend vom Neuplatonismus herkommen. **Augustinus** geht es darum, von Gott und von der Seele des Menschen zu wissen. Im Mittelpunkt seiner Lehre steht die These von der Erbsünde und der Verworfenheit der diesseitigen **Welt**, deren **Besserung nicht in der Macht des Menschen** stehe. Das Streben nach wissenschaftlicher Erkenntnis bewertet er negativ: Es beeinträchtigt die Demut und behindert den Glauben (3,S.48ff).

Der abendländische Kulturraum hatte von der antiken Naturwissenschaft wenig bewahrt. Im 11. Jahrhundert erwachte ein neues wissenschaftliches Interesse. In den Kontaktzonen Südspaniens und Siziliens erkannte man, dass **vom Islam** etwas zu **lernen** war. Auch sorgte der Seehandel der italienischen Städte Venedig, Pisa, Genua und Neapel für das Eindringen der arabischen Kultur ins Abendland. Der vierte Kreuzzug nach Byzanz (um 1200) gab Kenntnisse von den Schätzen dieser Stadt. Im 13. Jahrhundert sollen ganze Schiffsladungen wissenschaftlicher Schriften in den Westen gegangen sein. Schon im 13. Jahrhundert war fast das gesamte aristotelische Schriftgut im lateinischen Europa übersetzt und bekannt. Die Übernahme und Auswertung der **aristotelischen Philosophie** führte das kirchliche Denken in eine grundlegende Krise. A.v.Bena (bis 1206) knüpfte vor allem an die Form-Auffassung des Aristoteles an. Die *Form* war für ihn das tätige Prinzip in der Materie. **Form und Materie** wurden **miteinander verbunden**. Die Konsequenz dieser Vereinigung war, dass sich die christliche Religion zu einer *pantheistischen* Weltanschauung entwickeln konnte.

Pantheistische Lehren spielten eine bedeutende Rolle in der mittelalterlichen Ketzerbewegung. Schärfste Maßnahmen seitens der katholischen Kirche waren die Folge. Im Jahre 1210 wurde die Naturphilosophie des Aristoteles, also dessen Physik und Metaphysik, verboten (1,S.126f). Die Verbote konnten aber nicht verhindern, dass sich im Europa des 13. und 14. Jahrhunderts eine **pantheistische** und vor allem eine **weltlich** ausgerichtete Bewegung - der **Averroismus** - entwickelte.

Der Averroismus, der in Fortführung der Lehren Avicennas (985-1036) entstand, griff auf die aristotelische Philosophie zurück, in der Form, wie sie ihr von dem arabischen Philosophen Ibn Rush'd (lat. Averroes, 1126-1198) verliehen worden war. Nach Averroes ist der denkende Geist nicht in den Einzelmenschen vervielfältigt, sondern ein einziges rein geistiges Wesen, das nur auf die menschliche Seele einwirkt. Daher leugnen die Averroisten auf der Grundlage der aristotelischen Philosophie die Unsterblichkeit der Seele und die Weltschöpfung. „Ist Gott, der die Ursache der Welt ist, ewig, so muss seine Wirkung - die Welt - es ebenfalls sein" (9,S.129). Diese und andere Aussagen wurden durch die Annahme, dass die heiligen Schriften einen mehrfachen Sinn haben, allmählich verbreitet. Die Averroisten forderten eine strikte **Trennung von Glaube und Wissen** und entwickelten eine Staats- und Gesellschaftslehre, die dem Papst und der kirchlichen Hierarchie das Recht auf weltliche Machtausübung absprach. Die Kirche sollte sich streng gesehen auf die religiösen Probleme beschränken.

Gegen diese Aristotelesrezeption kämpfte die katholische Kirche mit allen Mitteln. Im Jahre 1270, und vor allem im Jahre 1277, ließ der Bischof von Paris, E.Tempier, den Pariser Averroismus in einem sehr ausführlichen Dekret verdammen. Starke gesellschaftliche Kräfte der ökonomisch und politisch aufblühenden Städte aber wirkten den orthodoxen Bestrebungen der katholischen Kirche entgegen. Die Averroisten konnten ihre philosophischen Ideen nicht nur bewahren, sondern auch noch weiterentwickeln (1,S.127).

Die Kommentare des Averroes waren auch den Dominikanern A.Magnus (1193-1280) und Th.v.Aquino (1225-1274) bekannt. A.Magnus, der an den Universitäten Paris und Köln lehrte, kannte den Aristoteles nur aus Übersetzungen vom Arabischen ins Lateinische. Sein Schüler Th.v.Aquino ging auf den griechischen Aristoteles zurück, weil er die wortwörtlichen Kommentare des Averroes als Gefahr für das christliche Denken empfand. Bestrebt war er, die Lehre des Aristoteles mit dem Weltbild der christlichen Kirche zu vereinen, in der Weise, dass das aristotelische *Vierursachenschema* in den Geist des Mittelalters hineingezogen und weiterhin so gedeutet wird, dass die christliche Unsterblichkeit mit ihm verknüpfbar ist. Als natürliches Denken ließ er die Naturphilosophie neben der Theologie bestehen: Sie fördert den Glauben. Die Theologie führt aber bis an die **untersten Glaubenswahrheiten** heran, die aus der **Offenbarung** zu gewinnen sind; diese ist Gegenstand der Theologie als Glaubenswissenschaft.

3. 2. Universalienstreit - Nominalismus

A.Magnus und endgültig Th.v.Aquino haben den Aristotelismus in gereinigter und umgearbeiteter Form zur offiziellen Philosophie der katholischen Kirche werden lassen. Th.v.Aquino hat die theologische Seite der aristotelischen Philosophie ausgenutzt und eine solche Philosophie geschaffen, die dem Aristotelismus die pantheistische Gefährlichkeit nimmt (1,S.127). Seine Hoffnung, dass wissenschaftliche Einsicht den Glauben stützen würde, hat sich aber nicht erfüllt. Die Synthese ist die letzte enge Verknüpfung von Glaube und Naturwissenschaft. Im weiteren Verlauf der abendländischen Geistesgeschichte kommt es zur **Trennung von Glaube** und beweisbarer oder wahrscheinlich gemachter **Wissenschaft** (3,S.58ff).

Mit mehr oder weniger Nachdruck wird das thomistische Seinsgebäude im Dominikanerorden hauptsächlich gegen Angreifer aus dem Franziskanerorden verteidigt. Ein späterer, von Duns Scotus (1266-1308) beeinflusster und sehr geistvoller Vertreter des Franziskanerordens ist der Engländer W.v.Ockham (1290-1349), der hinsichtlich des Universalienstreits als Verfechter eines radikalen *Nominalismus* anzusehen ist. Der Universalienstreit zog sich durch das ganze Mittelalter.

Man fragt sich, welche Seinsweise die Griechen den allgemeinen Bestimmungen der Dinge, den **Universalien**, zuerkannt haben und nimmt selber Stellung. Es entwickeln sich *drei Positionen.* Die erste besagt: Die Universalien sind vor(!) den Dingen. Dies entspricht der platonischen Behauptung, dass die **Ideen als Wesensurbilder** der Dinge ursprünglich schon existieren, wobei ihnen jetzt der christliche Gott übergeordnet ist **(vgl. Neuplatonismus**, 2.6). Die zweite Position meint: Die Universalien sind in(!) den Dingen. Dies entspricht der aristotelischen Aussage, dass ein Ding durch Verwirklichung seiner Wesensform in der Materie zustande kommt. Man spricht hinsichtlich der ersten Position von extremem, in Bezug auf die zweite Position von gemäßigtem Begriffsrealismus. Im Gegensatz zu beiden steht als dritte Position die Aussage des **Nominalismus**: Die Universalien sind nach(!) den Dingen. Das heißt, das Charakteristische des Nominalismus besteht in der Behauptung, dass die **Universalien als Namen oder Zeichen** einer bestimmten Gruppe von Einzeldingen mit übereinstimmenden Merkmalen nur **im menschlichen Geist** existieren (6,S.261). In Bezug auf die beiden ersten Positionen besagt dies: Die allgemeinen Ideen sind weder im Sinnlichen potenzial, noch haben sie eine abgetrennte, intelligible Existenz; ihnen lässt sich keine irgendwie geartete Realität zuschreiben.

Das Neue und wirklich Vorwärtsweisende am Nominalismus war die Betonung des Einzelnen, dem allein Realität zugesprochen wurde. Die ausnehmende Betonung des Einzelnen unter gleichzeitiger **Abwertung des Allgemeinen** hat den Bestand der katholischen Kirche untergraben. Aus der Verneinung der Realität des Allgemeinen nämlich folgt zwangsläufig, dass nicht die **Kirche als allumfassender Verbund**, ihre Hierarchie und metaphysischen Dogmen, die ja alle hochgradig Allgemeines beinhalten, maßgeblich sind, sondern primär ihre Mitglieder, die einzelnen Menschen. Die nominalistische Einstellung zum Allgemeinen impliziert **Hierarchiegegnerschaft** - existierte das feudal-klerikale Weltbild doch wesentlich dadurch, dass dem Einzelnen ein von seinem Willen unabhängiger Platz zugewiesen wurde.

Dem Einzelnen ließen die hierarchischen Beziehungen wenig freien Raum. Als Mensch fungiert er, dessen Existenz von ihm übergeordneten Gewalten begründet war. Indem der Nominalismus das Allgemeine abwertete, hob er das **Individuum hervor**, betonte dessen Arbeit und Leistung. Man sagt: Im Nominalismus konnte der Mensch sich seiner selbst bewusst werden (1,S.874f).

3. 3. Erneute Hinwendung zu den Naturwissenschaften

Auf das menschliche Streben, das im feudal-klerikalem Weltbild fast ausschließlich auf Gott gerichtet war, wirkte das nominalistische Element verändernd. Die jenseitige Orientierung wurde durch ein Fragen abgeschwächt, das dem Diesseits verbunden war. Zur Folge hatte dies, dass der Mensch die **Natur nicht mehr als schicksalhaft** sah. Die Welt wurde als etwas betrachtet, das mit **Mathematik und Gesetzen** erklärbar ist. Kein Zufall ist es, dass viele Naturphilosophen des ausgehenden Mittelalters Nominalisten waren. Beispiele sind J.Buridan (1300-1358), A.v. Sachsen (um 1316-1390) und vor allem N.v.Oresme (um 1320-1382), der bedeutendste Naturphilosoph des 14. Jahrhunderts (1,S.854). Sie suchten zutreffende und exakte Beschreibungen und waren von Vorstellungen über die Seinsweise unbelastet. Durch sie geschah aber die Weiterentwicklung der Physik und Astronomie nicht zum Experiment hin, sondern zur Logik und Mathematik (4,S.67).

Die Hinwendung zur experimentellen Naturwissenschaft erkennt man im Islam bei Avicenna, im christlichen Europa bei R.Grosseteste (1175-1253), der am Anfang des 13. Jahrhunderts einer der führenden Köpfe war. Grosseteste kommentierte Aristoteles und schrieb über Physik und

Astronomie. Seine Idee war es, die **Naturwissenschaft** sowohl **empirisch** als auch **mathematisch** zu betreiben. Sein Schüler R.Bacon (um 1210-1290), den man als Ketzer verdächtigte, betonte die Wichtigkeit des Wissens für die Bewältigung des Daseins. In äußerst lebendiger, wenn auch phantastischer Weise sah er Möglichkeiten der Technik: Wissenschaft soll **Nutzen bringen**; Mathematik und Experiment sind Grundlagen, die zur Bestätigung bzw. zur Verwerfung einer Theorie führen (3,S.64).

Die Verbindung von Mathematik und Experiment blieb zunächst Programm. Sie setzte eine messende Physik voraus, die erst im 15. Jahrhundert von Cusanus (1401-1474) gefordert wurde. Er machte deutlich, wie vernünftige Hypothesen durch Messung zustande kommen. Daneben trat **Cusanus** als Mystiker und Vertreter einer negativen Theologie auf. Getreu dem Neoplatonismus und der **pythagoräischen Überlieferung folgend**, versuchte er, die Unerreichbarkeit Gottes und zugleich dessen Gegenwart zu zeigen, indem er mit Hilfe der Mathematik neue Beziehungen zwischen Gott und Erschaffenem aufstellte. Die **Gegensätze**, die immanent sind und die schon die Vorsokratiker behandelten, werden durch Überschreitung im Unendlichen zur **Synthese** gebracht (**Koinzidenz der Gegensätze**). Dreht sich etwa ein Kreisel um sich selbst, dann bemerkt man, dass Bewegung und Ruhe gleich sind: Im Unendlichen fallen Bewegung und Ruhe zusammen (vgl. Vorwort: **Postulat der Komplementarität**). Oder: Lässt man eine Seite des Dreiecks unendlich groß werden, dann müssen die anderen mit ihr übereinstimmen. Und weiter: Teilt man die Seiten eines Vielecks unendlich auf, dann gleicht es einem Kreis usw. (10,S.37ff). Cusanus fragte sich, ob diese Methode auf die Metaphysik übertragbar sei, um auf Gott und das absolute Maximum schließen zu können. Das Wesen Gottes lässt sich mit unserem Verstand nicht durchdringen. Indem wir diese Unzulänglichkeit erfassen, stehen wir gleichsam über ihr, und unser Nichtwissen ist ein wissendes Nichtwissen.

Gleich anderen Naturphilosophen erkannte Cusanus die Unzulänglichkeit der alten Kosmologie mit der Erde im Zentrum der Welt, wie sie von Aristoteles und Ptolemaios geschaffen worden war. Die Beziehung zwischen Gott und Universum war eines der Anliegen der mittelalterlichen Welt. Cusanus wollte das Auseinanderbrechen aufhalten und die Einheit des abendländischen Geistes bewahren. **Glaube** und **Wissen** sollten miteinander **versöhnt** sein, wie es sich die Vertreter des Dominikanerordens im 13. Jahrhundert zur Aufgabe gestellt hatten. Cusanus hatte wenig Erfolg. Die katholische Kirche verhärtete, war nicht fähig, sich zu öffnen.

4. Zusammenbruch der alten Weltvorstellung

Das neuzeitliche Denken ist am veränderten Verhältnis *Gott und Welt* erkennbar. In einer ganzen Reihe von Bewegungen haben Menschen die innere Umgestaltung vollzogen. Zum einen kommt es zu hochkritischen Einstellungen innerhalb solcher Kreise, die den **reformatorischen Strömungen** nahe stehen. Zum anderen richtet sich das Interesse auf die **antike Kultur**, wobei gerade diejenigen Züge, die im Mittelalter nicht zur Geltung gekommen sind, beachtet werden. Man fragt nicht mehr nach dem primären Prinzip, nach Materie oder Geist (Bewusstsein): „Mit der Erforschung der einzelnen Erscheinungen kommt man weiter als mit dem Nachdenken über die großen allgemeinen Fragen des Seins“ (3,S.80). Das Erforschen einzelner Erscheinungen beantwortet möglicherweise auch die letzte Frage, nämlich die nach dem primären Prinzip!

Das Interesse an der antiken Kultur führte auch zu einem **neuen Menschenideal**: dem Humanismus. Der Mensch wird als Verkörperung freier Selbstgestaltung angesehen. Er sieht sich selbst als Bezugsgröße solcher Dinge, die ihm zur Durchplanung und Umgestaltung in die Hand gegeben sind. Der Mensch will Macht über die Natur erlangen, weil ihm solche Beherrschung nutzbringend erscheint. Insbesondere die sich herausbildenden Naturwissenschaften (Physik, Astronomie, Geografie, Medizin) sind ihm wichtig. In einzelwissenschaftlichen Beiträgen bringen sie schließlich den Beweis hervor, dass der Sachverhalt „Natur“ von der **aristotelischen Philosophie falsch oder unzulänglich** erfasst worden ist. Das beginnt im Kristallisationspunkt mit der Astronomie des Kopernikus (1473-1543), die am Vorabend seines Todes veröffentlicht wird.

4. 1. Neue Astronomie

Das kopernikanische System räumt der Erde keinen „ausgezeichneten“ Platz im Universum mehr ein, obwohl es auf denselben astronomischen Gegebenheiten fußt, die schon zur Zeit des Ptolemaios bekannt waren. Seine empirischen Daten werden aber in strenger mathematischer Form auf die ruhende Sonne bezogen. Entgegen Aristoteles und Ptolemaios steht nun die **Erde nicht mehr im Mittelpunkt** der Welt, sondern bewegt sich, wie die anderen Planeten auch, gleichförmig um die Sonne und um sich selbst. Für die Bewegung sind keine treibenden Kräfte nötig. Die Gestirne bewegen sich dank ihrer kugelförmigen Körper von allein. Kugelförmig ist der gesamte Himmelskörper. Doch die himmlische Sphäre ist abweichend von Ptolemaios und Aristoteles vollständig unbewegt. Nur erheblich größer ist der Himmelkörper geworden, da die Fixsterne keine Parallaxe zeigen. Das **Universum** bleibt als geschlossene Einheit **endlich ausgedehnt**.

Die Lehre des Kopernikus ist wissenschaftlich originell. Interessant sind Formulierungen, die vom **Pythagoräismus** her durchdrungen sind, wie z.B. die Schönheit der Sonne, die Vollkommenheit der Kugel, die Harmonie des Kosmos'. Kopernikus wirft den früheren Astronomen vor, mit zusammengesetzten, ungleichförmigen Bewegungen die platonische Idee der „Gleichförmigkeit" aufgegeben zu haben, so dass die Unordnung in den Himmel kam. Bei ihm ist die scheinbare Unregelmäßigkeit der Planetenbewegungen auf die regelmäßige Bewegung der Erde bezogen. Das System wird dadurch **strukturell einfacher**. Dies ist für Kopernikus das entscheidende **Merkmal der Wahrheit**. Zu dieser metaphysischen Anschauung haben sich übrigens viele Naturwissenschaftler zu allen Zeiten bekannt, nicht nur Platon und Aristoteles. Im 19. Jahrhundert sprach R.W.Hamilton (1805-1865) das *Prinzip der kleinsten Wirkung* in mathematischer Form aus (2,S.229).

Der Übergang von der geschlossenen Welt zum offenen Universum erfolgt mit G.Bruno (1548-1600), der über Kopernikus hinausgeht. Er ersetzt den kopernikanischen **Heliozentrismus** durch einen **Plurizentrismus** unzähliger Welten: Das *unendliche* Universum besteht aus Millionen Sonnensystemen, ähnlich dem unsrigen, und die Fixsterne sind Sonnen, die in den unendlichen Weiten des Universums zerstreut sind. „Ein homogener Raum bildet die Struktur des Kosmos" und die „Sterne sind von göttlichen Wesen bevölkert". Im Kosmos „entfaltet sich ein unerschöpfliches Leben, das aus dem Inneren heraus ausnahmslos alles Seiende beseelt: Die Sterne, die einzelnen Körper, die Mineralien und die Pflanzen" (10,S.58).

Bruno schildert eine **unendliche Gottwelt**, weist auf unfassbare Weiten, betont aber zugleich, dass sich dieser Reichtum in den **kleinsten Einheiten** (Atomen) **widerspiegelt**. „Im Grenzfall ist alles eines", meinte schon Cusanus in der Methode von der „**Koinzidenz der Gegensätze**", die Bruno von ihm übernimmt. Seine Untersuchungen bewegen sich in einem entschieden monistischen Rahmen, in dem der Begriff der Schöpfung nicht mehr vorkommt. Geist und Materie sind nicht unterschiedlich zu bewerten, ebenso wenig Gott und Welt. Der unendliche Kosmos, d.h. Materie, Seele und Geist, gehören zu Gott, sind als göttliche Einheit zu betrachten, wie der **Pantheismus** bzw. **Panentheismus** es lehrt.

Bruno endete - wie so viele - auf dem Scheiterhaufen der Inquisition (nach der Überlieferung auf das Kruzifix spuckend, was als historische Tatsache unbewiesen ist), weil er seine Gedanken verbreitet hatte. Im Gegensatz zu Kopernikus sind seine Aussagen mathematisch nicht belegt. Seine Vorstellungen, von Magie und Mythos durchdrungen, eröffneten dennoch theoretische Möglichkeiten von ungeahnter Weite.

Den Geist der neuen Zeit erkannte auch W.Gilbert (1540-1603), der vom heliozentrischen System überzeugt war. Sein Buch „Über den Magneten" (2,S.258ff), das auf die Naturwissenschaft des 17. Jahrhunderts großen Einfluss ausübte, war Vorbild für die **experimentelle Methode**.

Gilbert geht davon aus, dass die Erde als riesiger Magnet existiert. Damit erklärt er die Inklination und Deklination einer Magnetnadel. Die magnetische Eigenschaft der Erde benutzt J.Kepler (1571-1626) zur Erklärung der **elliptischen Planetenbahnen**. Seine ausführlichen Beobachtungen sowie deren mathematische Auswertung führen zum Resultat, dass die Kreisbahnen der Himmelskörper durch Ellipsen zu ersetzen sind. Berühmt sind die nach Kepler benannten Gesetze der Planetenbewegung.

Kepler war nicht nur Anhänger der kopernikanischen Lehre, sondern auch begeisterter **Neoplatoniker**. Sein Glaube an die Harmonie im Planetensystem war Antrieb für sein Lebenswerks, das durch die **drei Keplerschen Gesetze** gekrönt worden ist. Die Gesetze beschreiben die elliptischen Bahnen und Geschwindigkeitsänderungen der Planeten mit den Abständen zur Sonne. Geschwindigkeitsänderungen werden aber nicht - entgegen Ptolemaios - durch Kombination von Exzenter und Epizykeln beschrieben, sondern durch sich ändernde Abstände der Planeten zur feststehenden Sonne.

Die Sonne steht nach dem *ersten Kepler'schen Gesetz* in einem der Brennpunkte der Ellipsenbahn. Dies führte Kepler zur alten **pythagoräischen „Idee"** von der musikalischen Harmonie der Sphären. In seinem *dritten Gesetz,* das eine mathematische Beziehung herstellt zwischen mittlerem Abstand eines Planeten zur Sonne und dessen Umlaufzeit, sah Kepler einen definitiven Beweis für das Vorhandensein **harmonischer Zahlenverhältnisse** im Universum. Sein *zweites Gesetz,* der Flächensatz, bezieht sich auf die Erhaltung des Drehimpulses, angewandt auf die Planetenbewegung.

„Kepler strebte während seines ganzen Lebens danach, eine **Weltformel** zu finden, in der die strukturale Harmonie des Universums zum Ausdruck kommt“ (2,S.233). Sein Zeitgenosse G.Galilei (1564-1642) hingegen vermied allumfassende Hypothesen, beschränkte sich auf solche Erscheinungen, die am ehesten zu einer Erweiterung des Weltbildes führen konnten. Darüber hinaus versuchte auch er, die Frage zu beantworten, ob die Welt durch das heliozentrische Modell richtig erklärt worden war. Man muss sehen, dass zur damaligen Zeit dieses Modell nicht die einzige Möglichkeit war. Eine andere war der Kompromiss des T.Brahe (1546-1601): die Erde unbewegt an ihrem Ort zu belassen, die Fixsterne, den Mond und die Sonne um sie kreisen zu lassen und die fünf Planeten um die Sonne. Auch konnte man die aristotelischen Begriffe vertreiben und die ptolemaiische Konzeption beibehalten. Die ererbte Weltauffassung des Ptolemaios und Aristoteles war aber dem Galilei suspekt geworden. Gründe fand er im Studium der archimedischen Schriften.

Das große Thema, dem Galilei sich hingab, war die **Erforschung der Bewegungsgesetze**. Kein Grund war für ihn vorhanden, die Erde vom Himmel abzugrenzen: Die mechanischen und kosmischen Gegenstände waren gleich zu behandeln. Auch fand er, dass die ontologisch ausgerichtete Bewegungslehre des Aristoteles in fundamentalem Widerspruch stand zur geometrisch ausgerichteten Statik des Archimedes (gest. 212 v. Chr.), womit das traditionelle kosmologische System bloßgestellt war. „Wenn die Erde nicht das reale Zentrum der Welt ist, so bricht die grundlegende Unterscheidung, die Aristoteles zwischen schweren und leichten Körpern im absoluten Sinne machte, zusammen: Es ist unmöglich, dann weiter das absolut Tiefe als den natürlichen Ort des Elementes Erde zu betrachten und das absolut Hohe als den des Feuers“ (10,S.64). Das Gesetz des Gleichgewichts schwimmender Körper aber ist wahr. Mit mathematischer Genauigkeit hat das Archimedes schon bewiesen. Folglich verliert die aristotelischen Aussagen über das „Schwere“ und „Leichte“ der Elemente an Bedeutung. Vom archimedischen Standpunkt aus hat das Leichte und Schwere relativen Charakter. Es ist somit unvernünftig, das Feuer als absolut Leichtes und Hohes, die Erde als absolut Schweres und Tiefes an „ihre“ spezifischen Orte zu platzieren. Wenn die Natur aber keinen privilegierten Ort gewährt, dann ist kein Grund vorhanden, die Erde als unbewegt zu betrachten.

Zwischen Schwerem und Leichtem liegt nach Aristoteles die Luft, die dem Feuer verwandt ist, und das Wasser, das der Luft verwandt ist. „Aufsteigen“ und „Niedersteigen“ zeugen nach Archimedes, im Gegensatz zu

Aristoteles, weder von einer unwandelbaren Weltordnung noch von dem verborgenen Wesen der Dinge, dessen Macht sie an „ihre spezifischen Orte“ trägt. Ein Körper, der in ein Mittel getaucht wird, das schwerer als er selbst ist, wird nach Archimedes an die Oberfläche gedrückt. Folglich hebt sich auch die aristotelische Unterscheidung zwischen natürlicher und gewaltsamer Bewegung auf. Damit liegt für Galilei ein nicht-aristotelisches Modell der bewegten Körper mit homogener Struktur vor, dessen Ordnung durch strikte Geometrisierung gefunden worden ist, wobei der abstrakte Raum der Geometrie, von Euklid und Archimedes gefasst, physikalischen Inhalt erhält. **Raum und Bewegung** werden von Galilei jeweils als unendlich teilbare **Kontinuen** gedacht (10,S.63ff).

4. 2. Galileis Ausstrahlung auf das naturphilosophische Denken

Galilei hat einen neuen Verlauf der Naturforschung ermöglicht, der bei Nachfolgern wie z.B. Ch.Huygens (1629-1695) erst richtig deutlich wird (10,S.65). Es wird ein deduktives System errichtet, mit einem Minimum an Hypothesen. Begriffe mit einem ungesicherten Status, wie z.B. der Impetusbegriff, werden ausgesondert. Man geht nicht mehr vom vorkonstruierten Begriff zum Phänomen. Die Begriffe werden mathematisch definiert, in einem einheitlichen Normenfeld (z.B. die Beschleunigung). Totalisierende Begriffe, die im Grenzbereich der Rationalität siedeln (z.B. der Raum- und Materiebegriff), werden in Übereinstimmung mit dem Normenfeld ebenfalls definiert. Dieses Feld wird freigelegt, damit die theoretische Produktivität ihre eigenen Normen, ihre internen Kriterien der Verifizierung, ihre spezifischen Ausdrucks- und Erneuerungsanforderungen ideologisch frei entfalten kann (10,S.65).

Galilei betrachtet die Natur als Bereich, in dem sich die **Körper relativ bewegen**. Die Bewegung wird nicht mehr als Realisierung eines ontologischen Geschicks betrachtet, das auf dem Grund der Dinge eingeschrieben ist, sondern als zeitliche Verschiebung einer Sache im Verhältnis zu einer anderen. Der Ort der Verschiebung ist der Raum, wo die Maße Invarianten sind und die Größen untereinander **nach Gesetzen** agieren. Das Abstrakte, die **mathematische Konfiguration**, ist das einfache Zeichen der produktiven Natur (Gott ist Mathematiker).

Die Weltordnung offenbart sich jenen, die sie beobachten, durchdringen und begrifflich fassen. Die **Erfahrung** ist für Galilei deswegen nur ein **sekundäres** Moment, das erst dann Bedeutung gewinnt, wenn es in den rationalen Diskurs eingebracht wird, dessen Norm die Mathematik ist.

Die Dinge beobachten, auf die Natur experimentell einwirken und als Mathematiker denken, waren für die alten Denker heterogene Tätigkeiten, die nicht auf dieselbe Seinsebene führten. Nach ihnen gehen die mathematischen Definitionen auf Begriffe zurück, die von einer anderen als der sinnlichen Welt sind.

Die Geometrisierung der Bewegung erscheint Galilei keinesfalls als Umweg oder Flucht in eine übergeordnete, intelligible Welt, sondern als Eintritt in den wahren Rahmen der Natur (10,S.78ff). Diese Anschauung fasst Galilei in einer berühmt gewordenen Passage zusammen: „Die Philosophie ist in dem großen Buch niedergeschrieben, das immer offen vor unseren Augen liegt, dem Universum. Aber wir können es erst lesen, wenn wir die Sprache erlernt und uns die Zeichen vertraut gemacht haben. Es ist in der **Sprache der Mathematik** geschrieben, deren Buchstaben Dreiecke, Kreise und andere geometrische Figuren sind; ohne diese Mittel ist es dem Menschen unmöglich, auch nur ein einziges Wort zu verstehen“ (10,S.82), was dem **Pythagoräismus** nahe kommt.

Galileis Bemühung um die Unabhängigkeit des wissenschaftlichen Denkens hat im Jahre 1633 zu dem berühmten **Inquisitionsverfahren** geführt, in dem er erklärt, dass die Naturphänomene und die heiligen Schriften zwei Aspekte ein und derselben Wahrheit seien (2,S.284f). Die Wissenschaft müsse sich in ihren Überlegungen, im Gegensatz zur Theologie, von der Natur leiten lassen. Diese neuerwachte Wissenschaft, und ihr Verhältnis zur Antike, kommt auch bei dem südfranzösischen Priester und Astronom **P.Gassendi** (1592-1655) zum Ausdruck, der die **antike Atomistik** umdeutet und sie dem christlichen Glauben als nicht widersprechend darstellt! Sein Werk stellt den Ausgangspunkt dar für die **Partikeltheorie der Neuzeit** (2,S.235).

„Die atomistische Anschauung empfahl sich u.a. dadurch, dass sie die verschiedene Dichte der Stoffe durch verschieden große Räume zwischen den Atomen verständlich machte und die Beweglichkeit von Flüssigkeit und Luft erklärte. Vor allem in England fand dieser Atomismus Anhänger“ (3,S.108f), unter ihnen R.Boyle (1627-1691), der den antiken Atombegriff mit der experimentellen Wissenschaft des 17. Jahrhunderts verband und zur Vorstellung des chemischen Elements gelangte.

Der **Kontinuumsgedanke** kommt durch **R.Descartes** (1596-1650) zum Ausdruck, für den alle materiellen Phänomene geometrisch bestimmbar sind. Materie ist nach ihm nichts anderes als dreidimensionale Ausdehnung. Ein leerer Raum ist nicht möglich (3,S.108). Die gesamte Welt und ihre Vorgänge werden als Maschine bzw. Maschinenteile aufgefasst, die mittels mechanischer Modelle und Analogien erklärt werden sollten.

4. 3. Rationalismus

Descartes vertritt einen **Dualismus**. Nach ihm ist die Welt in zwei Bereiche geteilt: den der **Materie**, der ausgedehnten Substanz (res extensa), und den des **Bewusstseins**, der denkenden Substanz (res cogitans). Die denkende Substanz findet sich nur beim Menschen als immaterielle Geistseele. Alle anderen Wesen, einschließlich des menschlichen Körpers, befinden sich im Ausgedehnten, wo nur mechanische Abläufe vorkommen. Die Bezugsmitte aller Gegebenheit aber sieht der Mensch in sich selbst. Deshalb muss zuerst *seine* Existenz sichergestellt, das ganze Gebiet der Sinneswahrnehmung beiseitegerückt werden. Weil die Sinneswahrnehmung auch der Täuschung unterliegt, muss weiterhin gefragt werden, ob die physische Welt außerhalb des Bewusstseins überhaupt existiert, ob die Dinge nur im Vorstellen existieren, ob ein **göttliches Lügenwesen** uns ständig täuscht. Descartes stellt in diesem Zusammenhang fest, dass „ich", um getäuscht werden zu können, auf alle Fälle existieren muss.

Auch wenn die Außenwelt nur vorgestellt ist und ein **Dämon** mich ständig täuscht, so kann er das nur, wenn „ich" da bin, und zwar mit der Fähigkeit des Wahrnehmens, des Vorstellens, des Denkens und Fühlens. „**Indem ich denke, bin ich**", lautet Descartes' berühmte Feststellung. Dieses Gewissheitserlebnis der klaren und deutlichen Vorstellung wird zum Vorbild für eine zuverlässige Erkenntnis überhaupt: Wahr ist alles, was so klar wie das eigene Ich ist (6,S.265f).

Die wichtigste Aufgabe besteht nach Descartes im **Ausarbeiten einer neuen Methode**, die es gestattet, zu sicheren und beweisbaren Erkenntnissen zu kommen. Erkennen bedeutet, einen Gegenstand in seine einfachsten Elemente zu zerlegen und ihn erneut aufzubauen. Das Erfassen des Einfachen ist das Wichtigste. Die einfachen Elemente werden *intuitiv* erkannt und alle weiteren Erkenntnisse von dort her *deduktiv* abgeleitet. **Intuition und Deduktion** sind die beiden Erkenntnisweisen, die zur Wahrheit führen. Alle anderen, wie die Erfahrung (Außen- oder Umwelt), sind als verdächtig und irreführend zurückzuweisen. Die einfachen, intuitiv erfahrbaren Wahrheiten aber, die das Fundament aller weiteren deduktiven Erkenntnisse bilden, sind seit Geburt in unseren Seelen. Sie sind dasjenige, was die Dinge „repräsentieren", also **eingeborene Ideen** (Anlagen), die der Verstand in sich schon vorfindet.

Descartes vertritt einen Rationalismus. Nach ihm besteht alles Erkennen in reiner Verstandestätigkeit: im intuitiven Erfassen und deduktiven Ableiten. Das **Vorgehen der Mathematik** nimmt er dabei zum Muster.

Wenn sich aber die ganze Erkenntnis in der Konstruktion geistiger Gebilde erschöpfte und sich lediglich im Geist, in der denkenden Substanz, die keine Beziehung zur materiellen Welt hat, abspielte, dann bliebe offen, wie sich die Erkenntnis bzw. der Geist zur materiellen Welt verhält. Aus allen Erkenntnissen folgt noch nicht, dass es eine materielle Welt gibt, nur, dass es sie geben könnte. Um die Existenz der objektiven Welt beweisen zu können, macht Descartes den komplizierten Umweg über den Beweis Gottes. Aus Gottes Existenz leitet er dann her, dass sich die Wirkung des Materiellen als Sinneswahrnehmung bemerkbar macht. Aus dem **dualistischen Standpunkt** Descartes' aber ergeben sich Schwierigkeiten. Seine erkenntnistheoretischen Anschauungen bleiben im Wesentlichen **idealistisch** (1,S.359).

Der Standpunkt des Rationalismus wird auch von G.W.Leibniz (1646-1716) und B.de Spinoza (1632-1677) vertreten, nach denen die Grundlagen unserer Erkenntnis, die Ideen, keineswegs aus der Erfahrung stammen, sondern im Verstand wurzeln, also schon angelegt sind (vgl. **Neuplatonismus**, 2.6). Der Verstand besitzt Prinzipien bzw. Anlagen, aus sich die notwendigen Wahrheiten zu entwickeln.

Geist und Körper sind bei **Leibniz** nicht getrennt. Seine Weltdeutung stellt eine reine Geistlehre dar, wonach es eine Unendlichkeit von **immateriellen Substanzen** (Monaden) gibt, deren Leben im Vorstellen besteht. „Raum und Zeit und die sonstigen Züge der materiellen Welt sind Scheinerzeugnisse unzulänglichen Vorstellens" (6,S.268). Die einzelne Monade ist eine Einheit, die weder teilbar noch zusammengesetzt ist. Sie unterliegt einem Prinzip der immerwährenden Veränderung, drückt die Vielfalt der Welt aus und gleicht der Gesamtheit aller Monaden.

Leibniz versucht, die Atomistik **idealistisch umzuinterpretieren**. Dem materiellen **Atom** stellt er die immaterielle **Monade** als letzten Baustein der Welt entgegen mit dem Prinzip der Selbsttätigkeit und Eigenbewegung (1,S.152), wobei die Körper-Seele-Wechselwirkung anders als bei Descartes ausfällt, der das Denken vom Körper getrennt hat. Schwierig bleibt vor allem zu klären, wie sich ein Befehl der Seele dem Körper mitteilt. Während Gott, nach Descartes, bei jedem Erkenntnisakt eingreifen muss, damit Übereinstimmung zwischen ausgedehnter Substanz (Materie) und denkender Substanz (Geistseele) besteht, hat Gott, nach Leibniz, eine Harmonie zwischen allen Dingen geschaffen, nämlich durch die Monaden. Die Kommunikation von Substanz zu Substanz ist bei Leibniz die zweier Monaden (10,S.191).

Leibniz' Beitrag zur Mathematik lässt sich auf Bestrebungen zurückführen, die höchsten Funktionen des Denkens zu klassifizieren und zu rubrizieren. Er suchte eine Korrespondenz zwischen den Zweigen der Mathematik und trieb, wie wir sagen, eine Art Meta-Mathematik. Diese Art, die Mathematik ins Auge zu fassen, entspricht seiner Philosophie, in der weder die Mathematik getrennt noch Beides vermischt ist. Nur als eine Art Untergruppe der Philosophie soll die Mathematik gelten; denn im gewissen Sinn ist Philosophie das **Bild der Welt**, vermittelt durch *eine* Anwendung, die **mathematisch** ist. So gesehen ist Mathematik auch Metaphysik (10,S.196f). Sein Hauptbeitrag zur Mathematik (gemeinsam mit Newton) ist eine Theorie des Maximums und Minimums, des unendlich Kleinen und der Grenzannäherung und damit - wie man weiß - die **Infinitesimalrechnung**. Mit dieser mathematischen Apparatur, die an die **Koinzidenz der Gegensätze** erinnert (vgl.3.3), war er befähigt, den Punkt, die Einheit, die Grenze zu untersuchen. Seine Einstellung über das Geschehen in der Natur bündelt sich im später revidierten Satz: „Nichts geschieht auf einen Schlag, und es ist einer meiner wichtigsten Grundsätze, dass die **Natur niemals Sprünge** macht. Ich habe diesen Satz das Gesetz der **Kontinuität** genannt" (1,S.840).

Spinoza vertritt einen materialistischen Rationalismus. Er kritisiert Descartes' Dualismus und dessen Konsequenzen. Seine Weltanschauung, die **pantheistisch** ist, geht von einer Substanz aus, die durch sich selbst existiert. Sie ist **materiell**, objektiv existierend und unendlich in Raum und Zeit. Das Wesen der Substanz (Gott bzw. Natur) kommt in Attributen zum Ausdruck. Die Bewegung ist kein Attribut der Substanz; denn unter dem Einfluss äußerer Ursachen kommt sie zustande (1,S.770). Attribute der Substanz sind Ausdehnung und Denken. Die Substanz ist ein ausgedehntes und ein denkendes Ding zugleich. Sie tritt in Gestalt der Modi auf. Folglich sind die materiellen Körper Modi des Attributs Ausdehnung und die Ideen Modi des Attributs Denken, die beide miteinander übereinstimmen, da gleiche Ursachen existieren. Sein und Denken sind identisch.

In der Erkenntnistheorie vertritt Spinoza die These, dass körperlichen Veränderungen stets geistigen entsprechen. Weil Bewusstsein vom menschlichen Körper abhängig ist und umgekehrt, bleibt die Grundfrage der Philosophie offen (1,S.1158), auch wegen der Forderung, die Bewegung als Attribut der Substanz nicht anzuerkennen. Aus dem Wesen der Substanz, die eine pantheistisch verhüllte Materie ist, fließt alles hervor. Wenn die Bewegung der Materie nicht immanent wäre, dann müsste eine äußere Kraft, letztlich Gott, angenommen werden (1,S.770).

Für Spinoza ist die Mathematik die sicherste Methode, die Ordnung der Welt zu begreifen (10,S.165). Erkennen bedeutet Abbilden oder Widerspiegeln der Dinge. Die Ordnung und Verknüpfung der Dinge ist dieselbe wie die **Ordnung und Verknüpfung der Ideen** (vgl. Gesetz der Natur, 2.6). Wahrnehmung muss sich auf Dinge richten, nicht auf Ideen. Die Ordnung und Verknüpfung der Ideen stimmt mit der Ordnung und Verknüpfung der Dinge überein (1,S.359f).

Spinoza ist von seinem moralischen Anliegen geleitet worden: **Demokratie** und **demokratische Gesellschaft** sind ihm wichtig gewesen, ohne kirchliche und staatliche Bedrückung *(s. Theologisch-politischer Traktat, z.B. 5.u.6. Kapitel)*. Die Bibel hat er einer rationalen, antimetaphysischen Kritik unterworfen - ohne die **Offenbarung** anzuzweifeln (vgl.6.2). Nicht von Gott, sondern von Menschen wurde sie geschrieben, sollte folglich, wie alle anderen Schriften auch, historisch gedeutet werden. Der Wunderglaube beruht auf Unwissenheit und Unkenntnis der wahren Ursachen. Quelle des Aberglaubens ist die Furcht. Die **Religion** hat dazu gedient, das **Volk in Knechtschaft** zu halten. Mit der politischen Rolle der Religion kommt Spinoza den Anschauungen der späteren Materialisten sehr nahe (1,S.1157f).

4. 4. Empirismus (Sensualismus)

Descartes, Leibniz und Spinoza gingen von jeweils verschiedenen Grundvoraussetzungen aus, so dass der Rationalismus ins Schweben kam. Verständlich ist es, dass der Kampf gegen die „eingeborenen Ideen“ von anderer Seite aufgenommen wurde - mit der Behauptung, dass das **Wissen** letztlich **aus der Erfahrung** (Außen- oder Umwelt) stammen müsse. Der Beginn dieser Entwicklung liegt bei F.Bacon (1561-1626), einem Mitbegründer des Empirismus. Wissenschaftliches Fragen muss nach ihm darauf zielen, die Eigenschaften und Gesetze der Natur zu finden, um Macht zu erhalten (Wissen ist Macht). Vom Geschehen und der sinnlichen Wahrnehmung ist auszugehen. Durch Vergleiche und Experimente gelangt man zu Verallgemeinerungen, so dass die allgemeinsten Sätze am Ende stehen. Die wahre Methode ist für Bacon nicht die Deduktion, sondern deren Gegenteil: die **Induktion**, die mit **Experimenten** zu verbinden ist (1,S.357f).

Bacons Empirismus war besonders in England richtungsweisend. Sein Anliegen war es, die **Natur zu befragen**, nicht die Schriften früherer Epochen. Doch sein Induktionsbegriff war in mehrfacher Hinsicht unzulänglich. Die Bedeutung der Mathematik für die Naturwissenschaften unterschätzte er ebenfalls.

Bacons Anschauungen sind von Th.Hoppes (1588-1679) fortenwickelt worden, der den Grund allen Wissens gleichfalls in der sinnlichen Wahrnehmung (Außen- oder Umwelt) sieht. Für ihn ist Wahrnehmung ein Abbilden im Bewusstsein. Um die Ideen bzw. Vorstellungen mitteilen zu können, sind **Worte** geschaffen worden, die als **Zeichen für Gegenstände und Gedanken** stehen (1,S.358). Dem Fluss der Phänomene entstammen die Zeichen, die zu notwendigen Verbindungen geknüpft werden. Wenn dies gelingt, dann verbindet eine Notwendigkeit die Zeichen zu einem Allgemeinen und Ganzen. Das Allgemeine ist für Hobbes eine abstrakte, verbale Bezeichnung, dem die Sprache konventionelle Träger gewährt hat. Real gibt es kein Allgemeines, weder in den Dingen noch im Geist (wie es real keinen „allgemeinen Menschen“ gibt), sondern nur Einzelnes. „Die Vereinigung einer Bedeutung und eines verbalen Trägers konstituiert eine Benennung: Die **Universalien**, die Begriffe und in der Folge in einem gewissen Sinne die Wahrheit selbst, haben keine andere Existenzweise“ (10,S.136). Mit dieser Geisteshaltung steht Hoppes in nominalistischer Linie zu Ockham, der sich ebenfalls dem Verbalismus bzw. der **Ideenwelt widersetzt** hat (vgl.3.2).

Denken ist für Hobbes die Fähigkeit, Worte oder Zeichen zu verbinden bzw. zu trennen (1,S.358). Die Vernunft ist darum bemüht, die reale Anordnung neu herzustellen, die der rohe Fluss der Erfahrung verstellt hat. Sie imitiert den Schöpfer, verfügt über keine originale Eigenschaft, resultiert nur aus dem Wirken der Dinge, die den Menschen umgeben. Daher denkt der Mensch gewissermaßen von Natur aus.

Hobbes vertritt einen rationalen Empirismus. Er begreift das menschliche Wesen als passiv. Subjektive Empfindungen sind von körperlichen Substanzen abhängig. Solche Sinnesqualitäten wie Farbe, Wärme, Ton usw.

sind nicht in Objekten, sondern nur im Bewusstsein, auch dann, wenn sie durch Einwirkung der Objekte erzeugt worden sind (10,S.122ff).

J.Locke (1632-1704) entwickelt den Empirismus (Sensualismus) weiter, insbesondere in seinem Hauptwerk: *Ein Versuch über den menschlichen Verstand.* Für ihn gilt die individuelle **Sinneserfahrung** (Außen- oder Umwelt) als **Quelle aller Erkenntnis**, wobei die Rationalität des Realen betont wird. Zwischen Sinneswahrnehmung (sensation) und Selbstwahrnehmung (reflection) wird unterschieden. Beide Formen der Erfahrung sind die **Quelle aller Ideen**.

Locke unterscheidet zwei **Arten von Ideen**, nämlich **einfache und zusammengesetzte**. Die einfachen Ideen entstehen unmittelbar aus der äußeren und inneren Erfahrung, die zusammengesetzten sind Kombinationen einfacher Ideen. Weil die Sinneserfahrung als Quelle der Erkenntnis auftritt, erscheint der Satz: Im Verstand ist *nichts, was nicht vorher in den Sinnen war!*

Die Verstandestätigkeit besteht nach Locke im Unterscheiden, Vergleichen und Zusammensetzen einfacher Ideen. Der Verstand fasst einfache Ideen, abstrahiert und bildet zusammengesetzte Ideen, die als Repräsentanten für viele Dinge und deren Namen für allgemeine Namen nun gelten. Die zusammengesetzten Ideen entstehen, weil unendlich viele Namen sonst nötig wären, zur Bezeichnung aller Ideen (1,S.358).

Locke strebt danach, sich vom metaphysischen „a priori" zu befreien. Doch die Annahme der inneren Erfahrung als Quelle der Erkenntnis stellt einen Widerspruch dar zur an sich materialistischen These, die besagt, dass die durch die Sinne gegebene objektive Realität als einzige Quelle der Erkenntnis gelte. In einem bestimmten Maß wird eine zweite Erkenntnisquelle angenommen (1,S.358). Auch wird die Erkenntnis des Allgemeinen, der gesetzmäßige Zusammenhang der Dinge, aus dem Gesichtskreis ausgeblendet, zumal Locke das **Wesen der Dinge**, die *Form* nach Aristoteles, für **unerforschbar** hält.

Locke ersetzt die apriorische Bedingung der Wahrnehmung durch das konkret Sensible (11,S.45). Bei Platon ist das Intelligible dem Sensiblen vorgeordnet. In dessen *Ideenlehre* existieren die Ideen im Reich der ewigen Wahrheit objektiv. Anders bei Locke: Er weigert sich zwar (im Gegensatz zu Hobbes), an der objektiven Realität der Ideen zu zweifeln, behauptet aber, dass die allgemeinen Ideen nur im Geist existieren und aus dem konkret Sensiblen gewonnen werden. Locke folgt damit der **Auffassung der Stoiker**, die die **Seele** mit einer ursprünglich leeren Wachstafel vergleichen (**tabula rasa**), in die die Außen- oder Umwelt ihre Zeichen drückt (1,S.1097). Nach ihm kann der Geist in der Auffassung des Realen nicht über das hinausgehen, was die sinnliche Erfahrung hervorbringt. Das reale Wesen aller körperlichen und geistigen Substanzen bleibt nach Locke unzugänglich.

4. 5. Übergang zum Positivismus

Der von Locke geschaffene Empirismus (Sensualismus) wird von Berkeley und Hume subjektiv-idealistisch umgebogen. Berkeley (1685-1753) sieht das Wesen der Dinge, die Form oder **Idee**, nicht als verborgene Wahrheit hinter den Dingen, sondern als **Gegenstand der Wahrnehmung selbst**. Die Ideen sind nach ihm die Dinge, womit die objektive Realität als Vorstellung im Bewusstsein gedeutet wäre (11,S.43ff). Weil Berkeley zudem „Existieren" als „Wahrnehmen" auffasst, können nur wahrnehmende Wesen real existieren, und zwar als immaterielle Geistsubstanzen, da alle körperlichen Dinge nur vorgestellt sind.

Zwar geht Berkeley von einem empiristischen Ansatz aus, jedoch ist seine Lehre eine spiritualisierte Metaphysik, in der nur geistige Wesen existieren, nämlich Gott und die Menschenseelen. Die **Materie** wird auf der Ebene des Sinnlichen definiert. Sie existiert **nicht real**, sondern **nur im Geist**. Das unlösbare Problem der Interaktion der Substanzen, das Descartes gequält hat, stellt sich ihm nicht. Auch wird die Idee eines absoluten Raumes zurückgewiesen, da es keine Ausdehnung an sich gibt. Die Philosophie vereinfacht sich dadurch, aber in Wirklichkeit hat Berkeley die Probleme ins göttliche Geheimnis eingeschlossen (11,S.50ff).

Während Berkeley geistige Substanzen bestehen lässt, ist dies für D. Hume (1711-1776) eine mit der Empirie nicht vereinbarende Annahme. Nach ihm kommen alle Bewusstseinsinhalte zwar ebenfalls aus der Erfahrung, doch im Unterschied zu Berkeley, für den sie alle Ideen sind, spricht Hume von Gedanken oder **Vorstellungen** (ideas) einerseits und **Eindrücken** (impressions) andererseits. Die Eindrücke oder Wahrnehmungen sind die unmittelbaren Gegebenheiten, die als solche stark wirken. Die Gedanken oder Vorstellungen aber sind nur Abbilder der Eindrücke und daher schwach und weniger eindringlich. Sie beruhen sämtlich auf unmittelbaren Wahrnehmungen. Soll unseren Begriffen ein Sinn zukommen, dann muss man die zugrunde liegenden Wahrnehmungen zeigen können.

Lässt sich nicht zeigen, dass einem Begriff eine Wahrnehmung entspricht, dann ist er sinnlos, dann ist das Wort nur eine Zusammensetzung von Lauten, denen der Inhalt fehlt (1,S.360).

Erkennen besteht nach Hume in der Assoziation von Bewusstseinsinhalten, wobei die assoziative Verknüpfung nach bestimmten Regeln erfolgt, die sich auf Relationen zwischen den Vorstellungen zurückführen lassen. Diese Relationen sind sowohl veränderlich als auch unveränderlich. Die unveränderlichen Relationen ergeben sich intuitiv durch bloßen Vergleich im Bewusstsein; sie bilden den Gegenstand der Geometrie, Algebra und Arithmetik und werden durch die reine Tätigkeit des Verstandes entdeckt. Die veränderlichen Relationen hingegen sind nicht gewiss; denn sie entstammen der Erfahrung. Aus der Erfahrung stammt auch die Annahme über die Notwendigkeit der **Kausalzusammenhänge**, an die wir uns **nur gewöhnt haben**. Die Erfahrung gibt uns nur eine zeitliche Abfolge von Geschehnissen. Durch Denken lässt sich die Beziehung von Ursache und Wirkung nicht bestimmen. Die wahre Erkenntnis beschränkt sich auf die von der Erfahrung unabhängige Mathematik. In allen anderen Bereichen aber ist der menschliche Verstand schwach. Die *letzten Grundkräfte und Prinzipien* sind nach Hume der menschlichen Wissbegierde und Forschung ganz und gar verschlossen (1,S.360f).

Mit Humes Philosophie geht der Empirismus in den **Positivismus** über, in einen Standpunkt stärkster **Metaphysikfeindlichkeit**. Doch jeder Positivismus treibt in die bisher unüberwundene Denkschwierigkeit der *Intersubjektivität:* in das Problem, wie verschiedene Menschen sich der Gemeinsamkeit ihrer Erkenntnisse versichern können. Wenn man alle Bewusstseinsinhalte auf Eindrücke zurückführen müsste, dann stände jedem nur das zur Verfügung, was er selbst in dieser Weise aufnimmt. Dass die anderen auch Eindrücke haben, könnte unmittelbar nicht erfahren werden. Ein jeder müsste sich auf die Aussagen, Gesten usw. der anderen verlassen. Tut er dies, so ist er gezwungen, die Grundthese des Positivismus im ersten Ansatz schon zu durchbrechen. Tut er es nicht, so bleibt er in seiner Welt eingeschlossen. Letztlich zeigt sich, dass der **positivistische Ansatz**, jeder Bewusstseinsinhalt müsse auf Eindrücke oder Wahrnehmungen zurückgeführt werden, in einer bestimmten metaphysischen Einstellung gründet: Letztlich ist der Ansatz **unbeweisbar** wie jeder andere erkenntnistheoretische Ansatz auch (6,S.270). Einen Höhepunkt in der Erkenntnistheorie stellt die Lehre I. Kants dar *(Kritik der reinen Vernunft),* auf die gesondert eingegangen wird.

4. 6. Entwicklung der neuen Methode und Auswirkung

Eingeführt wurde der Empirismus und Rationalismus mit einem gewissen Maß an Übertreibung. Die Empiriker erklärten, dass der Verstand bei der Geburt einem leeren Blatt (tabula rasa) gleiche, das von Sinneswahrnehmungen (Außen- oder Umwelt) beschrieben werde (2,S.32). Sie lehnten die spekulative Einstellung zur Natur und die rein deduktive Argumentation der mittelalterlichen Scholastik entschieden ab und betonten als erste in der Neuzeit die **induktive Methode** und die Notwendigkeit von Beobachtung und Experiment als Unterlagen jeder wissenschaftlichen Forschung. Das Vertrauen in die induktive Methode als wesentlicher Kern der wissenschaftlichen Prozedur war aber übertrieben. Die jahrhundertlange Diskussion des Problems der Induktion führte zum Resultat, dass ohne metaphysische oder nicht-empirische Annahmen keine schlüssigen Lösungen erzielbar sind, was zum Rationalismus führte.

Die Rationalisten erklärten nicht die Sinneswahrnehmungen, sondern die eingeborenen Ideen (Anlagen) zur Grundlage der Erkenntnis. Als Rückgrat der Wissenschaft sollte die **deduktive Methode** gelten. Es wurden gewisse Wahrheiten vorausgesetzt, die der Verstand als absolut sicher erkennt. Mit Hilfe der Prinzipien logischer Deduktion sollten weitere Wahrheiten dann erschlossen werden.

„Die einander entgegengesetzten philosophischen Lehren des **Empirismus** und **Rationalismus** wurden durch die Entwicklung der exakten Wissenschaften im Laufe der letzten dreihundert Jahre zu einer **Synthese** gebracht, die man als das Produkt der wissenschaftlichen Methodik ansehen kann. Überblickt man insbesondere die Geschichte der Physik seit Galilei ..., so zeigt es sich, dass die Bildung von Theorien mit der Aufstellung von Hypothesen beginnt, sobald sich ein Minimum empirischer Daten angesammelt hat. Der nächste Schritt besteht dann in der Ableitung der aus der aufgestellten Hypothese folgenden Konsequenzen, die als Sätze oder faktische Behauptungen formuliert werden, deren Wahrheitsgehalt durch Vergleich mit der Erfahrung geprüft werden kann. Theorie und Experiment stehen somit in dauernder Wechselwirkung und stützen sich gegenseitig, wobei die Frage, wer von beiden zuerst kam, irrelevant ist“ (2,S.33).

Empirismus und Rationalismus brachten die Naturwissenschaft zum direkten Kontakt mit der Natur. Dies bewirkte, dass die Wechselwirkung von **Hypothese und Theorie** einerseits und von **Beobachtung und Ex-**

periment andererseits zu einem integralen Bestandteil der Wissenschaft wurde und folglich wissenschaftliches Wachstum förderte. Von überragender Bedeutung war Descartes' Naturphilosophie, die noch stärker wirkte als seine mathematischen Leistungen. Mit Descartes wurde die teleologische Weltanschauung des Aristoteles zu Fall gebracht und die mechanistische Naturerklärung gegründet, die auf rein kausalen Überlegungen aufbaut. Mit der mechanistischen Konzeption lassen sich Naturerscheinungen am besten demonstrieren und erklären.

Im 17. Jahrhundert entwickelte sich die Naturwissenschaft zum autonomen Gebiet des Denkens mit schwindelerregenden Neuerungen wie im 5. und 4. Jahrhundert v. Chr. Das Tempo des Fortschritts war in der Physik, je nach Bereich, verschieden. Am schnellsten war die Entwicklung der Mechanik und Astronomie, wobei die Mechanik alle anderen Disziplinen überflügelte. Der Ausgangspunkt der Mechanik liegt in der Bewegungslehre (Kinematik), die als Astronomie schon seit der Antike gepflegt wurde. Nachdem durch Galilei die Schranken gefallen waren, welche die Phänomene des Himmels und der Erde trennten, wurde die Kinematik zu einer Wissenschaft der Bewegung schlechthin. Die hierfür benötigten konzeptuellen und mathematischen Hilfsmittel wurden zügig ausgearbeitet, wie z.B. die graphische Darstellung der Zeit als lineare Größe wie sie von Galilei eingeführt worden war (2,S.16). Die Auffassung der Zeit als Koordinate macht es möglich, veränderliche Größen als zeitabhängige Variablen darzustellen. Dies führte zu einer anderen Erfindung, der **Infinitesimalrechnung**, die, ohne auf Prioritätsstreitigkeiten einzugehen, immer mit den Namen Leibniz und Newton verknüpft sein wird (2,S.20). **Differentialgleichungen**, die **Variationsrechnung** und andere Zweige der höheren Mathematik wurden im 18. und 19. Jahrhundert entwickelt, als Rückgrat der mathematischen Physik (2,S.35). Allmählich wurde die Mathematik zur **Sprache der Physik**.

5. Zeitalter der analytischen Mechanik

Mit I.Newton (1642-1727) wird das Zeitalter der Analytischen Mechanik eingeleitet. Sein Buch *„Naturalis philosophiae principia mathematica"* (1687) ist ein Markstein in der Geschichte der Wissenschaft. Das Werk beginnt mit Definitionen physikalischer Begriffe, insbesondere **Raum, Zeit, Bewegung**. Übergegangen wird zu den Axiomen, den Bewegungsgesetzen und zur Ableitung von Theoremen, die in wachsender Kompliziertheit aus anderen folgen. Die *drei Bewegungsgesetze* sind das Rückgrat der Lehre von den Kräften. Sie hängen von gewissen metaphysischen Annahmen über den absoluten Charakter von Raum und Zeit ab. Der absolute **Raum, als „leerer Behälter"**, wird von Newton nicht bezweifelt, da sich seine Mechanik nur auf dieser Grundlage aufbauen ließ. Der Raum ist das *Sensorium Gottes,* der Ort des Zusammentreffens höchster metaphysischer Gegebenheiten und physikalischer Vorgänge. Seine dynamische Konzeption (die Evolution und Selbstorganisation nicht zulässt, 20,S.15) kulminiert in der mathematischen **Theorie der universellen Gravitation**, wo bewiesen wird, dass die Ursache der Fallbeschleunigung an der Erdoberfläche identisch ist mit der Kraft, die die Planeten auf ihrer Bahn um die Sonne hält.

Newtons Gravitationsgesetz ist eine logische Konsequenz aus den drei Kepler'schen Gesetzen, genauso wie Keplers Gesetze aus dem Newton'schen Gravitationsgesetz ableitbar sind. Keplers drittes Gesetz steht im Widerspruch zu Descartes' Wirbeltheorie des Äthers. Die Ätherhypothese in der Version des Descartes ist deshalb von Newton verworfen worden. Er selbst nimmt nicht in Anspruch, das wahre Wesen der Kräfte, vor allem das der Gravitation, entdeckt zu haben (anders als Descartes und andere Mechanisten). Newton beschränkt sich auf die Worte, dass es ihm gelungen sei, viele wichtige Erscheinungen mit den Kraftgesetzen erklären zu können, auch wenn er nie aufgehört hat, sich über die wahre (d.h. mechanische) Natur der Gravitationskraft Gedanken zu machen. Er wollte ein Äthermodell konstruieren. Das Dichtegefälle des Äthers sollte sowohl die Gravitation als auch verschiedene optische Phänomene erklären (2,S.352f). Doch der **Begriff des Äthers** ist später **eliminiert** worden.

Die „Principia" beendeten einen Prozess, der über mehrere Stationen lief: von Keplers Ahnung einer Dynamik der Himmelskörper, zu Galileis Begründung einer mathematischen Physik, zu Descartes' Programm einer mechanischen Naturerklärung, die unter Huygens eine mathematische

Fachwissenschaft wurde (3,S.139). Newtons Werk enthält fast alle konzeptuellen Hilfsmittel zur Ausarbeitung einer dynamischen Auffassung der physikalischen Welt. Ihm gelang es, physikalische **Begriffe** systematisch zu **mathematisieren**. In den Begriffen der Bewegung, der Kraft, Masse und Energie, dem Trägheitssatz und dem von Wirkung und Gegenwirkung sind alle wesentlichen Voraussetzungen für die Fortentwicklung der dynamischen Konzeption berücksichtigt. Die Dynamik wurde zu einer Disziplin, die mit Definitionen und Axiomen beginnt und über Lehrsätze zu allgemeinen Schlussfolgerungen führt. Vom gesamten theoretischen und experimentellen Wissen damaliger Zeit ist Gebrauch gemacht worden. Aus mathematisch gefassten Erfahrungssätzen sind allgemeine Gesetze **induktiv** erschlossen und daraus die Erscheinungen der Erfahrung **deduktiv** abgeleitet worden (3,S.138). Newtons „Principia" sind zwar ausschließlich mittels der klassischen Methode der synthetischen Geometrie entwickelt worden, wie sie seit der hellenistischen Epoche im Gebrauch war; die schwerfällige geometrische Methode aber wurde im 18. Jahrhundert durch entsprechende Differentialgleichungen ersetzt.

5. 1. Synthetische Methode der Naturwissenschaften

Newtons „Optik" (1704) hatte ebenfalls beträchtliche Auswirkungen auf das wissenschaftliche Denken seiner Zeit. „Seine Entdeckung des Spektrums als eines Resultats der Lichtbrechung im Prisma und seine Definition einer bestimmten **Farbe** durch eine **Zahl**, welche die Brechbarkeit des damit verbundenen Lichtstrahls ausdrückt, schufen das objektive konzeptuelle Gegenstück zur subjektiven Farbempfindung, wie sie Locke in seiner Theorie der sekundären Qualitäten entwickelt hatte" (2,S.30). Unter anderem wird dadurch erkennbar, „dass im Verlauf des langen Prozesses, in dem ‚faktische' und ‚konzeptuelle' Elemente in eine höhere Einheit aufgehen, die ‚reinen', unmittelbar von der Sinneswahrnehmung sich herleitenden Tatsachen allmählich von ‚Tatsachen höherer Ordnung' abgelöst werden, die dann die Funktion der faktischen Elemente übernehmen" (2,S.33f). Demgemäß kann der **ideengeschichtliche Fortschritt** der Naturwissenschaft als **Synthese faktischer und konzeptueller Komponenten** aufgefasst werden, was wissenschaftliche Beobachtungen und theoretische Deduktionen außerhalb der Mechanik ebenfalls stützt. Teilgebiete verschmelzen zu einem Weltbild, dessen allgemeine Gültigkeit eine Bestätigung der synthetischen Methode der Naturwissenschaften darstellt, die wiederum eine Verifizierung der Prinzipien mit sich bringt, auf denen Naturwissenschaften aufgebaut sind!

Der Prozess der Konsolidierung und Verschmelzung zu einem einheitlichen Weltbild ist durch die wachsende Mathematisierung der Naturwissenschaften gefördert worden. Eine geglückte mathematische Formulierung kann innere logische Zusammenhänge aufdecken und sie in einer vorher unbekannten Form darstellen (2,S.34). Die früh mathematisierte **Astronomie** und die spät mathematisierte **Bewegungslehre** waren die ersten physikalischen Wissenschaften, die zu einer **Synthese** gebracht wurden. Verschmolzen wurden sie im Jahre 1687 zu einer einheitlichen Mechanik der himmlischen und irdischen Körper, und zwar durch Newtons Werk (3,S.15).

5. 2. Theorie des Lichts

Newtons Erklärung der Lichtbrechung und der optischen Erscheinungen an dünnen Schichten hoben frühere Theorien auf. „Obwohl Newton an die **korpuskulare Natur des Lichts** glaubte, vermied er es sorgfältig, sich in dieser Beziehung festzulegen" (2,S.354). Die Huygens'sche Hypothese von der **wellenförmigen Fortpflanzung des Lichts**, die zum Teil auf dem Modell des Zusammenstoßes von elastischen Partikeln (als Medium der Fortpflanzung) beruht, lehnte er ab.

Die **endliche Fortpflanzungsgeschwindigkeit des Lichts** hatte O.R'ömer (1644-1710) aus der Verfinsterung eines Jupitermonds schon 1676 bewiesen. „Obwohl die Fortpflanzung des Lichts, wie die des Schalls, im Grunde die eines bestimmten physikalischen Zustands und nicht die eines materiellen Dinges ist, kann man sie leicht mittels eines mechanischen Modells beschreiben, und Huygens betont die Notwendigkeit einer solchen mechanischen Auffassung auch für alle nichtmechanischen Vorgänge; sonst sei es seiner Meinung nach aussichtslos, zu einem richtigen Verständnis eines physikalischen Phänomens zu gelangen. Seine Hypothese der Elementarwellen war der erste effektive Schritt in der Entwicklung der Wellentheorie des Lichts" (2,S.351). Dazwischen, im Zeitalter der „feinen Fluida", florierten noch Hypothesen über **kalorische Stoffe** und den **Äther**. In seiner Erklärung bezüglich der Natur des Lichts macht L.Euler (1707-1783), der auch der Begründer der Variationslehre ist, von den bekannten Analogien zwischen der Fortpflanzung des Schalls in Luft und des Lichts in Äther Gebrauch. Nur der Äther hielt sich bis ins 19. Jahrhundert hinein.

Huygens' Hypothese der Elementarwellen war der erste Schritt in der Entwicklung der Wellentheorie des Lichts, die zu Beginn des 19. Jahrhunderts von Th.Young (1773-1829) und A.Fresnel (1788-1827) erfolgreich ausgebaut wurde und später in Maxwells elektro-magnetischer Lichttheorie kulminierte (2,S.351). Newtons überragende Autorität war lange Zeit ein Hindernis für den Ausbau der Wellentheorie.

5. 3. Prinzipien und Ausbau der Klassischen Mechanik

Nach der Veröffentlichung der „Principia“ vergingen noch etwa hundertfünfzig Jahre, bis die Newton'sche Mechanik vollständig ausgearbeitet war, so dass sie zur Analytischen Mechanik, die als Klassische Mechanik immer noch gilt, kristallisieren konnte. „Die Hauptleistung der Physiker des 18. Jahrhunderts bestand nicht in grundlegenden Neuerungen, sondern in beträchtlichen **formalen Verbesserungen der Newtonschen Theorie**. Es war dies vor allem die Aufstellung **allgemeiner Prinzipien**, von denen die klassische Mechanik einfacher, eleganter und fruchtbarer deduziert werden konnte, die Benutzung **moderner mathematischer Methoden** für diese Entwicklungen und die Erweiterung der Gesetze der Dynamik auf starre Körper, z.B. in bezug auf erzwungene Bewegungen und Rotationsbewegungen. Die vektoriellen Größen der Kraft und der Bewegungsgröße (oder des Impulses), also die wesentlichen dynamischen Begriffe der *Principia,* wurden durch die skalaren Größen der Arbeit und der lebendigen Kraft (d.h. der kinetischen Energie) ergänzt, die mathematisch einfacher zu behandeln sind. In seiner Abhandlung über die Dynamik zeigte d'Alembert (1717-1783) die Gegenstandslosigkeit der Auseinandersetzung zwischen Leibniz, der die ‚vis viva' als den fundamentalen Begriff ansah, und den Cartesianern, die der Bewegungsgröße den Vorrang gaben“ (2,S.354f). Zu einer *Synthese* konnten beide **Begriffe** gebracht werden, da sie nichts anderes als zwei **einander ergänzende Aspekte** ein und derselben dynamischen Konzeption sind.

Die Systematisierung der Newton'schen Mechanik wurde vor allem von d'Alembert, Bernoulli (1667-1748), Lagrange (1736-1813) und Euler (1707-1783) weitergeführt. „Bernoulli und insbesondere d'Alembert unternahmen es, die Prinzipien der Dynamik auf die Gesetze der Statik zu reduzieren, die schon im vorhergehenden Jahrhundert entwickelt worden waren. Dabei benutzten sie den Satz von den virtuellen Geschwindigkeiten, d.h. den Geschwindigkeiten, die mit dem Gleichgewichtszustand eines Systems vereinbart werden können.“

„Das umfassendste und fruchtbarste aller Prinzipien der Dynamik war das **Prinzip der kleinsten Wirkung**. In seiner einfachsten Form besagt es, dass unter allen möglichen Wegen, die ein Körper in einem gegebenen Zeitintervall zurücklegen kann, der tatsächlich zurückgelegte sich dadurch auszeichnet, dass für ihn eine bestimmte physikalische Größe, die Wirkung des Körpers, genau den kleinsten Wert annimmt. Die Wirkung ist das Produkt der Bewegungsgröße des Körpers und des von ihm während der vorgegebenen Zeit zurückgelegten Weges. In der endgültigen **mathematischen Fassung**, die ihm Hamilton (1805-1865) im Jahre 1835 gab, ist dies Prinzip auch heute, im Zeitalter der Relativitätstheorie und der Quantenmechanik, von höchster Wichtigkeit. Auch in der Ideengeschichte ist das Prinzip der kleinsten Wirkung von besonderem Interesse, denn dessen Anfänge sind mit der teleologischen Konzeption verknüpft, einem der Fundamente der aristotelischen Naturphilosophie. Schon im 17. Jahrhundert hatte Fermat (1601-1665) das Gesetz der Lichtbrechung aus dem **Prinzip der kürzesten Zeit** abgeleitet, das er auf seinen Glauben an ein Prinzip des Minimums an Aufwand basierte, das alle Naturprozesse charakterisiere. Im Jahre 1712 hat dann Leibniz die Ansicht geäußert, dass in der Naturforschung die Suche nach mechanischen Ursachen, von Aristoteles ‚aktive' oder ‚bewegende' Ursachen genannt, nicht genüge; man müsse weitergehen und bis zu den Zweckursachen vordringen, den wahren Manifestationen der Weisheit Gottes ...; die Tatsache, dass der aktuelle Weg sich durch seine besondere Einfachheit auszeichnet, sollte einen Hinweis auf die Vorbedacht des Schöpfers bedeuten. Obwohl die Physiker diese teleologische Interpretation nicht akzeptierten, so hat doch das Prinzip der kleinsten Wirkung wegen seiner Anwendbarkeit und Fruchtbarkeit auf allen Gebieten der Physik seine hervorragende Stellung behauptet (vgl. „**Gedankenexperiment**", 3. und 4. Buch, ganz vorn).

Abgesehen von den Prinzipien der Dynamik wuchs noch ein anderes Kapitel der Wissenschaft im 18. Jahrhundert zu höchster Bedeutung heran, die **Wahrscheinlichkeitsrechnung** ... Daniel Bernoulli (1700-1782), ein anderes Mitglied der Familie, wandte als erster **statistische Überlegungen** auf ein rein physikalisches Problem an. Er bewies, dass man den Druck eines Gases in einem geschlossenen Gefäß durch die Annahme erklären kann, dass die große Zahl der Gaspartikeln sich mit Geschwindigkeiten bewegen, die auf alle Richtungen verteilt sind und dass der Gasdruck gleich der Summe der Stoßkräfte ist, die die Partikeln auf die Gefäßwände ausüben.

Gegen Ende des 18. Jahrhunderts und um die Wende zum 19. entwickelt Laplace (1749-1827) die erste wissenschaftliche, auf logischen Überlegungen fußende Wahrscheinlichkeitstheorie. In einer durch Klarheit und

Stil ausgezeichneten Schrift behandelt er auch den philosophischen Aspekt der Wahrscheinlichkeit, wobei er mit seinem deterministischen Credo beginnt, das repräsentativ für die ganze Newton'sche Epoche ist. Die mathematische Astronomie - zu der Laplace selber mit seiner Störungsrechnung soviel beigetragen hat - sei ein schlagendes Beispiel für die Wahrheit der fundamentalen Annahmen des **Determinismus**. Dieser behaupten, dass auf Grund der Kenntnis der Positionen und Geschwindigkeiten aller Körper des Universums zu einem gegebenen Moment und der Kräfte, die auf sie wirken, im Prinzip der Zustand des Universums zu jeder anderen Zeit determiniert ist. Ein Wesen von umfassendem Verstande, der **'Laplace'sche Intellekt'** (**bzw. Dämon**, 4.3), das im Besitz all dieser Daten ist, wäre im Stande, alle zukünftigen und vergangenen Ereignisse genau zu beschreiben, denn die Gegenwart ist mit Vergangenheit und Zukunft durch den notwendigen **Kausalzusammenhang** verbunden. Lediglich der Umstand, dass uns nicht alle relevanten Daten bekannt sind, verwehrt uns nach Ansicht der Deterministen, alle Details dieser notwendigen Verkettung der Geschehnisse zu erfassen. In der Wahrscheinlichkeitstheorie sah Laplace einen praktischen Ersatz für das Kausalgesetz, denn sie ermöglicht uns, wenigstens eine statistische Kenntnis von wiederholbaren Ereignissen oder Massenphänomenen zu erlangen. Diese Konzeption hielt sich bis zur Konsolidierung der Quantenmechanik, welche die **Wahrscheinlichkeit** als einen **primären Begriff** betrachtet und somit die klassische Kausalität aufgehoben hat" (2,S.355ff).

Noch ein wichtiges Kapitel begann im 18. Jahrhundert: die **moderne Kosmologie**, die durch I.Kant (1724-1804) begründet wurde. Seine *„Naturgeschichte und Theorie des Himmels"*, die im Jahre 1755 erschien, ist von bewundernswerter Klarheit. Im Anschluss an G.Bruno (1548-1600) und den modernsten Entwicklungen vorausgreifend, nimmt Kant an, „dass die Welt von unzähligen Galaxien angefüllt ist, die ähnlich wie unsere Milchstraße aus zahllosen Fixsternen bestehen und die verschiedenen Stadien einer Evolution durchlaufen, deren Dauer er auf Hunderte von Jahrmillionen schätzt. Eingehender beschäftigt sich Kant mit der Entwicklung des Sonnensystems aus einem chaotischen Anfangszustand, wobei er sich lediglich auf die **Gesetze der Mechanik** und vor allem das Newton'sche **Gravitationsgesetz** stützt. Er nimmt an, dass dieser Urzustand in einer Ansammlung von Staubteilchen bestand, die den Raum ausfüllen, der durch die Bahn des Saturns (der bis 1781 als entferntester Planet angesehen wurde) begrenzt ist. Setzt man Dichtefluktuationen voraus, die von den Verschiedenheiten in den Gewichten der Elemente abhängen, so kann die Entstehung der Sonne, und nachher der Planeten, in Regionen höherer Dichte erklärt werden, deren Mechanismus im Einzelnen durch die graduelle Ansammlung der Partikeln als Folge der Gravitationsanziehung beschrieben wird“ (2,S.357).

Kants Kosmologie ist ein Werk von historischem Wert, auch wenn es gegen verschiedene mechanische Gesetze verstößt (z.B. das Gesetz der Erhaltung des Drehmoments). „Kant verteidigt seine mechanistische Erklärung der kosmischen Evolution gegen den möglichen Vorwurf des Atheismus damit, dass seine Theorie den Glauben an einen Gott bestärke, der die Materie mit all den Eigenschaften begabt hat, die es ihr ermöglichen, sich von selbst aus einem chaotischen Anfangszustand in ein geordnetes System zu entwickeln“ (2,S.358).

6. Aufklärung und Überwindung

Mit „Aufklärung“ ist ein Zeitabschnitt in der abendländischen Geschichte gemeint, in dem der Mensch zum **Gebrauch seiner Vernunft** aufgefordert worden ist. Dabei ist das Interesse ganz auf den einzelnen Menschen gerichtet. Man spricht ihm im Namen der Vernunft **Freiheit und Würde** zu und versucht, auf rationaler Grundlage, seine Autonomie zu begründen. Das rationale Element wirkt sich über den Einzelnen auch auf die staatliche Ordnung aus.

Im Zeitalter des Barocks war der Rationalismus in erster Linie ein Mittel zentralistischen Ordnens und Lenkens. Der Einzelne sollte an objektive Gesetze und Mächte gebunden sein. Anders in der Epoche der Aufklärung: Der Rationalismus steht im Dienst der Lösung und Befreiung des Einzelnen von allzu straffer Lenkung. In hohem Maße erweist sich der rationalistische Geist als kritischer Geist gegenüber den Bindungen des Absolutismus. Die Struktur der staatlichen Ordnung wandelt sich. Gekennzeichnet ist der Weg durch eine Fülle von Reformen der staatlichen Verwaltung. Vom Absolutismus führt er über den aufgeklärten Absolutismus hin zur Französischen Revolution.

In der Aufklärung ist das Problem „**Glaube und Wissen**„ überaus scharf formuliert worden. Das rationale Denken erstreckt sich auf alle Gebiete, verwandelt die Welt in ein Gefüge gesetzmäßiger Relationen, treibt Gott aus der Welt aber hinaus. Im für die Aufklärung charakteristischen **Deismus** gilt die Welt als Uhrwerk, wobei Gott der Erbauer dieses Werkes ist. Alles, was nicht rational ist, wird als Kinder- und Aberglaube betrachtet. Man kämpft gegen dogmatische Festlegung, gegen kirchliche Bevormundung und erstrebt eine vernunftgemäße, natürliche Religion.

Das aufklärende Moment bestimmte den größten Teil des 18. Jahrhunderts, war aber auch für das 17. Jahrhundert schon bestimmend. Häufig hat man darum beide Jahrhunderte als geschichtliche Einheit gesehen. Vor allem gilt das für die Mechanisierung des Weltbildes und die Entwicklung der Naturwissenschaften. Was das 17. Jahrhundert diesbezüglich begonnen hat, wird im 18. fortgesetzt und vollendet. Im Anschluss an Bacon, Hobbes und Locke kommt in England, aber auch in Frankreich, der Empirismus und Sensualismus zur allgemeinen Anerkennung.

Empirismus und Sensualismus lehnen die vom Rationalismus verfochtene

These der eingeborenen Ideen ab und führen - wie erwähnt - das Erkennen auf die verschiedenen Sinnesorgane zurück. Das Muster liegt in der Mechanik (7,S.129ff). Mechanik und Mathematik sind Vorbild wissenschaftlichen Denkens. Die **Wissenschaft löst sich vollends von religiös-theologischen Rücksichten**, verwandelt die Welt in ein Gefüge gesetzmäßiger Relationen, wobei Newton den entscheidenden Beitrag liefert. Die mathematische Naturwissenschaft wird auf der Grundlage der Gravitationstheorie zu einem System ausgebaut, das die gesamte irdische und himmlische Mechanik umspannt. Mit Hilfe dieses Systems versucht Kant, die Entwicklung des Sonnensystems aus einem chaotischen Anfangszustand zu erklären. Kants Hauptwerk aber ist mit Blick auf das Schwanken der damaligen Metaphysik eine Prüfung der **Erkenntnismöglichkeit** allgemein (vgl. 1, **Ontologie**).

6. 1. Kants Erkenntnisbegriff

In der *„Kritik der reinen Vernunft"* fragt Kant, **inwieweit die Erkenntnis rein**, d.h. erfahrungsfrei, also nur mit apriorischen Mitteln, vorgehen kann. „Eine Untersuchung, die sich auf die Möglichkeit apriorischer Erkenntnis bezieht, nennt Kant transzendental (übersteigend). Er unterscheidet zwei ‚Stämme' unserer Erkenntnis, die Sinnlichkeit und den Verstand, ... während frühere Aprioristen als Rationalisten nur den Verstand mit ‚eingeborenen Ideen' ausgestattet sein ließen, nimmt Kant an, dass schon beim Zustandekommen unserer Sinnesanschauung eine Umformung der von außen kommenden Empfindungen stattfindet, und zwar in den Formen Raum und Zeit. Die ‚Dinge', die ‚an sich' vorhanden sind, haben also mit Raum und Zeit nichts zu tun. Da wir sie aber in jenen Formen auffassen müssen, bieten sich uns immer nur Erscheinungen dar. Es bestünde nun noch - so war es ja von rationalen Metaphysikern angenommen worden - die Möglichkeit, dass der Verstand mit seinen ureigenen apriorischen Mitteln das Wesen der Dinge an sich erkennen könnte. Hier aber liegt die zweite große Veränderung des Apriorismus bei Kant vor. Wohl ist der Verstand mit apriorischen Wesenszügen ausgestattet, den Kategorien. Kant gibt eine Tafel von zwölf solchen Urbestimmungsmöglichkeiten an, so z.B. die Denkformen Einheit, Vielheit, Substantialität, Kausalität. Charakteristisch für das Kant'sche Denken ist aber nun, dass diese Kategorien gleichfalls Formungsmöglichkeiten sind, mit denen Inhalte synthetisch zusammengerafft werden. Der Verstand kann also nur arbeiten, wenn ihm solche Inhalte zur Verfügung stehen. Das **Material**, das sich ihm hier bietet, ist aber immer schon **raumzeitlich** von unserem Anschauungsvermögen **vorgeformt**. So kann sich auch der Verstand nur auf Erscheinungen beziehen und **niemals** von sich allein aus das **Wesen der Dinge an sich erfassen**“ (6,S.272f). Bemühungen, dies zu tun, sind „Erschleichungen“ der Vernunft. Erkenntnisse hinsichtlich des Wesens der Menschenseele, der Welt im Ganzen und Gottes sind daher nach Kant unmöglich. Unsere Erkenntnisse sind wenigstens teilweise a priori und damit - genau genommen - nicht aus der Erfahrung ableitbar.

Kants Erkenntnistheorie ist verknüpft mit seiner *ethischen Lehre („Kritik der praktischen Vernunft“),* in der sein Glauben an die **menschliche Freiheit** zum Ausdruck kommt. „Er kann dabei auf die eben angeführte Behauptung verweisen, dass die **Kausalität** nur eine subjektive menschliche Denkform ist und gar nicht zum wahren Sein durchgreift, also auch nicht zum tiefsten Kern des Menschen, dessen intelligiblem Charakter. Entscheidend für den Glauben an die Freiheit ist jedoch das Phänomen, dass der Mensch **ein Sollen** zu verspüren vermag (Sittengesetz mit Bezug auf **staatliche Gesetzgebung**) und, durch die Pflichtforderung getroffen, seinen sinnlichen Neigungen zuwider handeln kann. Das aber müsste man als unmöglich bezeichnen, wenn er ein kausal determiniertes Wesen wäre, denn dann könnte er, als reines Triebgeschöpf, nur nach sinnlicher Selbsterhaltung, sinnlichem Glück streben“ (6,S.273). Seine **Würde** liegt jedoch in seiner **Freiheit**. Von der Würde kann nur dann gesprochen werden, wenn ihm freies Handeln zuerkannt worden ist!

Der Kant'sche Freiheitsbegriff wirkte auf all jene erlösend, die sich den kausal-naturalistischen Deutungen entgegengestellt hatten. Auch der junge J.G.Fichte (1762-1814) fühlte sich angezogen (6,S.274), als erster Repräsentant jener Richtung, die man *deutschen Idealismus* nennt. Ihr größter Vertreter aber, G.W.F.Hegel (1770-1831), kommt erneut zu einer metaphysischen Systembildung, wobei das Phänomen der Freiheit seinen klaren Sinn wieder verliert.

6. 2. Hegels dialektische Methode

Hegels Methode ist ein **dialektischer Dreischritt**, der nicht nur den **einzelnen Denkakt** beschreibt, sondern auch in der **Gliederung seiner Philosophie** steckt. Ausgegangen wird von der absoluten Idee, die Hegel in seiner *Logik* in ihrem „An-sich-sein“ behandelt, wobei die dialektische Entfaltung der logischen Bestimmung rein als solche verfolgt wird. In seiner *Naturphilosophie* wird der Geist in seinem „Anderssein“ aufgespürt und schließlich in der *Philosophie des Geistes* in seiner Menschwerdung, über die hinweg er zu seinem „An-und-Für-sich-sein“ (zum Begreifen seiner selbst) gelangen könnte, was seine Vollendung wäre.

Hegel wendet sein Grundverfahren, die Dialektik, auf alle Gebiete an: aufs Organische und Anorganische, auf die Seelenregungen und geistigen Schöpfungen (Kunst, Religion usw.). Um sein Verfahren deutlich zu machen, müssen Inhalte dargelegt werden, auch hinsichtlich der Kernpunkte der im Anschluss zu behandelnden Grundrichtungen „Materialismus" und „Idealismus".

Als Akteur der Geschichte gilt nach Hegel der Weltgeist (vgl. **Gesetz der Natur**, 2.6), der gemäß der absoluten Idee, dem göttlichen Geist, waltet, der sich selbst zurückhält. Unter dem Weltgeist stehen die Volksgeister, die die Nationen prägen. „Und unter dem Volksgeist stehen die einzelnen Individuen ...: nur die Individuen handeln, nicht die Volksgeister und der Weltgeist ... Die Volksgeister sind vom Weltgeist her gesehen die Mittel, durch die er sich in seinen Wissensmöglichkeiten realisiert" (16,S.504). Zwischen dem Weltgeist und den menschlichen Einzelgeistern steht noch der **objektive Geist**, der als überindividuelle, in der Geschichte entstehende und vergehende Potenz angenommen wird. „Der objektive Geist ist das gesamte Gut der Kultur. Zu ihm gehören die Sprachen, die Sitten, aber auch **das Recht** und dessen Ausformung in Gesetzen und Verfassungen (**staatliches Gesetz**). Der objektive Geist ist die primäre Dimension der Geschichte, denn hier vollziehen sich, zumeist in langsamer Stetigkeit, zuweilen aber auch in unmittelbarem Umbruch, die großen Wandlungen, die die Entwicklung der Kultur kennzeichnen" (16,S.506).

Entfaltung des Weltgeistes bedeutet nach Hegel, **alles Seiende zu durchdringen**. Der Mensch hat die „Anstrengung des Begriffs (**Systems**)" auf sich zu nehmen, um das Weltwerden des Urlogos zu begleiten, ein Werden, dem Entrechtete folgen würden. Der Einzelne „wendet sich einem Äußeren zu und sucht es zu durchdringen. Nur auf diesem Wege einer umwegigen Vermittlung kommt er zu sich selbst" (16,S.505). Wendet sich der Einzelne gegen den eigenen Volksgeist, dann bereitet er eine neue geschichtliche Epoche vor, die durch einen höheren Volksgeist repräsentiert wird. In Gegensätzen nämlich kann der Geist nicht verweilen: „Er sucht eine Vereinigung, und in der Vereinigung liegt das höhere Prinzip" (16,S.506). Dieser Prozess, dem Weltgeist zu seinem Selbst zu verhelfen, ist nach Hegel die Weltgeschichte (16,S.494ff).

Denkendes Widerspiegeln kann nach Hegel nur gelingen mit einer neuen Methode: dem **dialektischen Verfahren**. Die Dialektik, die schon im

Denken Kants eine gewisse Rolle gespielt hat, wird bei Hegel zum allumfassenden Werkzeug. Der Denker geht so vor, dass er einem Begriff (**Thesis**) das Gegenteil (**Antithesis**) gegenüberstellt, also mit dem Widerspruch arbeitet, und beides unter höherem Begriff (**Synthesis**) vereint. „Da die Synthesis immer wieder zur Thesis wird und nach einer neuen Antithesis verlangt, schraubt sich das Denken schöpferisch in die Höhe" (6,S.275). Im Auseinanderlegen in Gegensätze und Stiften von Synthesen vollzieht sich die Weltwerdung des Geistes. Als *treibendes Prinzip* gilt die Macht der Gegensätze, das wahre Leben des Geistes!

Anmerkung: Hegel greift auf die christliche Gottesvorstellung zurück. Sein dialektischer Dreischritt erinnert an das mythische Stirb-Besinne-Werde, das bei Abraham einsetzt und in Jesu Christi kulminiert: Auferstehung am *dritten Tag* (hinsichtlich des offenbarten Gebots). Hegels Geiststufung gipfelt im absoluten oder göttlichen Geist, der laut christlicher Lehre als **Heiliger Geist** auftritt. Erst bei Befolgung des Gebots aber (Gottes- und Menschenliebe, sprich: **Offenbarung**) wohnt der Heilige Geist im Menschenherz (Joh 14,23), erzeugt das Reich Gottes inwendig und untereinander (Lk 17,20f).

Hegels Grundansatz ist spekulativ, also keinesfalls zwingend. In der Deutung des Seinsprozesses versinkt die *menschliche Freiheit* als sittliche Entscheidungsmöglichkeit: Nur dem Weltgeist im Ganzen kommt sie zu. Über das Individuum ist schon verfügt. Es glaubt zwar, seine eigenen Interessen verfolgen zu können. Eine List des Weltgeistes sind seine Handlungen jedoch nur (6,S.276).

Hegels Theorie wird in der sogenannten „Hegel'schen Linken" weitergetragen, deren wichtigster Kopf K.Marx (1818-1883) ist. Insbesondere über ihn und seinen Freund F.Engels (1820-1895) vollzieht sich jene **Umbildung des Hegelianismus**, die als dialektischer und historischer Materialismus starken Einfluss gewinnt und zum geistigen Fundament sozialistischer Gesellschaften wird. Marx übernimmt von Hegel die dialektische Methode, bezieht sie primär auf die Entwicklung der Produktionsverhältnisse und damit auf die menschliche Arbeit zwecks psychisch-physischer Erhaltung. Beeinflusst wird das gesellschaftliche Bewusstsein durch Arbeit bzw. Umwelt: durch das gesellschaftliche Sein. Zu fragen ist nach den Aussagen des dialektischen und historischen Materialismus (kurz philosophischer Materialismus) bezüglich **Bewusstsein** und **Sein**, bezüglich **Bewegung, Materie, Raum** und **Zeit**. Die Antworten werden der idealistischen Richtung gegenübergestellt (philosophischer Idealismus).

7. Materialismus und Idealismus (1 entn.)

In der Geschichte der Philosophie ist ein Kampf zwischen Materialismus und Idealismus geführt worden, in dessen Verlauf die Begriffe „Sein" und „Bewusstsein" wesentlich verändert wurden. Die grundlegende Frage ist geblieben, ob das Bewusstsein eine natürliche Tätigkeit des menschlichen Körpers bzw. materiellen Gehirns oder aber aus einer immateriellen Seele oder anderen übernatürlichen Quellen abzuleiten sei.

7. 1. Bewusstseinsbegriff und geschichtliche Herleitung

Die **materialistische Grundrichtung der Philosophie** behauptet: Das Bewusstsein ist das höchste Entwicklungsprodukt der in besonderer Weise organisierten Materie. An sich ist das Bewusstsein keine Materie, kein materielles Produkt im Sinne einer organischen Absonderung, sondern komplizierte Tätigkeit und aktiver Aneignungsprozess, der darin besteht, die objektive Realität in ideellen Formen widerzuspiegeln, abzubilden, also Materielles in Ideelles zu übersetzen. Vermöge dieser Fähigkeit ist das Bewusstsein das universelle Erkenntnisinstrument, mit dem in das Wesen der Welt eingedrungen, objektive Eigenschaften und Gesetzmäßigkeiten erfasst werden können. Durch den Antrieb der gesellschaftlichen Arbeit entsteht es gemeinsam mit der Sprache, weshalb es von Anbeginn gesellschaftlichen Charakter hat, sprich: **gesellschaftliches Bewusstsein** ist.

Demokrit hielt Denken und Wahrnehmen für Bewegungen der materiellen Seelenatome. Den Sitz des Denkens sah er im menschlichen Gehirn. Hobbes verwarf die Annahme einer geistigen Substanz und erklärte, dass das denkende Ding etwas Körperliches sei bzw. das Denken nicht von einer denkenden Materie getrennt werden könne. Toland bezeichnete das Denken - ähnlich wie Demokrit - als Bewegungsform der Materie, als eigentümliche Bewegung des Gehirns. Für Diderot lag die Vermutung nahe, dass die Empfindsamkeit, d.h. die Elementarstufe des Bewusstseins, eine allgemeine Eigenschaft der Materie sei. Unter ausdrücklicher Berufung auf Hobbes forderte er, das Empfindungsvermögen und das Organ des Denkens, das Gehirn, experimentell zu untersuchen. Feuerbach kritisierte hinsichtlich Hegel besonders die idealistische Verabsolutierung des menschlichen Bewusstseins als eines Geistes. Nach ihm entwickelt sich der Geist mit dem menschlichen Körper. Er ist gebunden an die Sinne und den Kopf. Für Marx und Engels ist das Bewusstsein ein gesellschaftliches

Produkt. Das **gesellschaftliche Sein** (bei der Beurteilung des heranwachsenden Individuums dessen **Außen- oder Umwelt**, vgl. 1) bestimmt **vorrangig** das gesellschaftliche Bewusstsein.

Der Begriff des **Idealismus** ist eine Schöpfung des 18. Jahrhunderts. Man hat ihn hinsichtlich des erkenntnistheoretischen Standpunkts Berkeleys benutzt. Heute bezeichnet er zusammenfassend die dem Materialismus entgegengesetzte **Grundrichtung der Philosophie**. Dergestalt fallen unter den Begriff des Idealismus all jene philosophischen Anschauungen, Systeme, Strömungen, die vom Primat des Bewusstseins: der Idee, des Geistes bzw. des Psychischen, ausgehen, während das Gesellschaftliche nachgeordnet ist. Oder anders: Das Bewusstsein ist eine von der Materie verschiedene Erscheinung, wobei das **Bewusstsein primär** ist (bei der Beurteilung des heranwachsenden Individuums dessen **genetische Anlage**). Das Bewusstsein ist bestimmend, ist geistige Substanz, Form, Idee oder gar alleinige Realität (**vgl. 1 u. 2.6**).

Für Platon ist die psychische Tätigkeit ein Werk der immateriellen unsterblichen Seele, die nur zeitweilig ins Gefängnis des menschlichen Körpers eingeschlossen ist. Aristoteles betrachtet die ewige Seele (Form) als Organ der psychischen Tätigkeit, wobei er dem Körper eine wahrnehmende Mitwirkung zugesteht, jedoch das Denken für ein Werk des Geistes oder der Denkseele auffasst - unabhängig vom Körper. Ähnlich fasst Descartes die Seele als eine vom Körper verschiedene Substanz auf, die von keinem materiellen Ding abhängig ist. Berkeley erklärt das Bewusstsein zur alleinigen Realität. Alle Gegenstände und Beziehungen der materiellen Welt hält er für Wahrnehmungen bzw. Bewusstseinsinhalte (alles, was existiert, ist nur im Geist). In der Folgezeit finden sich häufig Versuche, ein **überindividuelles Bewusstsein** zu postulieren von der Art des „transzendentalen Bewusstseins“ bei Kant (1,S.224ff).

7. 2. Materialistischer Bewegungsbegriff

Die dialektisch-materialistische Bewegungslehre entstand mit den wirtschaftlichen Veränderungen im19. Jahrhundert sowie den wissenschaftlichen Entdeckungen zu Beginn des 20. Jahrhunderts. Mit **Bewegung** ist keine konkrete Form der Bewegung gemeint, wie z.B. die mechanische Bewegung. Vielmehr bedeutet der Begriff etwas Allgemeines, etwas, was allen sinnlich wahrnehmbaren Formen der Bewegung gemeinsam ist, nämlich **Veränderung bzw. Entwicklung**. Alle Veränderungen, alle Prozesse im Universum, von der Ortsveränderung bis zum Denken, werden als Bewegung aufgefasst.

Bewegung ist Attribut und **Daseinsweise der Materie**. Es gibt keine Bewegung ohne Materie, sondern nur Bewegung der Materie in konkreten Formen. Alle Versuche, Bewegung von Materie getrennt zu denken, führen zu idealistischen Einstellungen. Als Attribut der Materie besitzt die Bewegung absoluten Charakter. Alle Ruhe, alles Gleichgewicht ist relativ, hat nur Sinn in Beziehung auf die eine oder andere Bewegungsform. Klassifizierungen sind aber schwierig. So könnte die mechanische Bewegung geradlinig oder nicht-geradlinig sein, drehend oder schwingend, konstant oder beschleunigend. Zur physikalischen Bewegung gehört die Gravitation, die molekulare Wärmebewegung, die atomaren und nuklearen Prozesse, die Umwandlung der Elementarteilchen u.a. Die gesellschaftliche Bewegung umfasst Formen wie Entwicklung der Produktivkräfte, Fortschritt von Kultur und Wissenschaft, Denken, Bewusstsein u.a. Zur Bestimmung der qualitativen Spezifik einer konkreten Bewegungsform darf nicht nur ein Merkmal herangezogen werden.

Um die **einzelnen Bewegungsformen** in eine Reihe bringen zu können, muss das Prinzip der historischen Entwicklung, der einen aus der anderen beachtet werden. Eine Bewegungsform ist nicht nur höher, je komplexer die zugehörigen Systeme sind, sondern auch je mehr sie **andere Bewegungen einschließt** bzw. darauf aufbaut. So ist z.B. die organische Bewegungsform höher als die chemische oder physikalische, da Systeme organischer Art einen höheren Grad an Komplexität aufweisen und sich Veränderungen auf der Grundlage physikalischer, chemischer und anderer Prozesse vollziehen. Die gesellschaftliche Bewegungsform ist höher als die organische, da die menschlichen Individuen als Elemente gesellschaftlicher Systeme auftreten. Die einzelnen Bewegungsformen existieren demzufolge keinesfalls isoliert. Verschiedene Bewegungen können ineinander übergehen, z.B. mechanische Bewegung in Wärmebewegung usw. Dies zeugt von der Unzerstörbarkeit und vom absoluten Charakter der Bewegung.

Gemäß angeführter Kriterien weisen die einzelnen Bewegungsformen verschiedene Spezifitäten auf. Die höhere Bewegungsform enthält zwar niedere, ist jedoch nicht darauf reduzierbar, da sie einen neuen Typ materieller Systeme darstellt und durch andere Gesetze bestimmt wird. Niedere Bewegungsformen sind in höheren zwar enthalten, machen das Wesen der höheren Bewegungsformen jedoch nicht aus.

Physikalische und biologische Prozesse, die im Menschen ebenfalls ablaufen, folgen entsprechenden Gesetzen, die aber nicht das menschliche Wesen ausmachen. Die einfachste und niedrigste Bewegung - die mechanische Ortsveränderung - findet zwar im Menschen statt, gibt dessen Wesen jedoch nicht wieder. Je höher die Bewegungsform, desto geringer der Anteil der mechanischen Ortsveränderung (1,S.221f).

Bewegung zeigt sich sowohl in **Kontinuität** als auch in **Diskontinuität**. Während sich die Diskontinuität in der relativ selbständigen Existenz materieller Systeme, Prozesse usw. beziehungsweise in sprunghaften Übergängen von einem zum anderen Zustand äußert, kommt die Kontinuität in Zusammenhängen der Systeme, Prozesse usw. beziehungsweise in fließenden Übergängen zwischen verschiedenen Entwicklungsstadien zum Ausdruck.

Begrifflich stehen *Kontinuität und Diskontinuität* **mit unendlich und endlich in Verbindung**. So schließt z.B. die Kontinuität des Raums die Möglichkeit ein, zu einem Raumintervall ein noch kleineres anzugeben, also die Möglichkeit unendlicher Teilung, während Diskontinuität die Existenz kleinster, nicht mehr weiter teilbarer Elemente voraussetzt. Folglich stehen *Kontinuität und Diskontinuität* im **Verhältnis des dialektischen Widerspruchs** zueinander, bedingen sich gegenseitig, sind nicht losgelöst voneinander. Widerspruch und Einheit von Widerspruch ist Bewegung (1,S.650f), was an der mechanischen Bewegung deutlich wird. Die mechanische Ortsveränderung verläuft so, dass ein Körper in einem und demselben Zeitmoment an diesem und am andern Ort, an ihm und nicht an ihm ankommt (**Komplementarität**, 3.3/11.2/11.3). Die fortwährende Setzung und gleichzeitige Lösung dieses Widerspruchs heißt Bewegung (1,S.300).

Die dialektisch-materialistische Philosophie betont den Zusammenhang verschiedener Bewegungsformen, deren Übergänge und Verläufe. Zur Bestimmung einer Bewegung sind Kriterien vonnöten, die als Einheit zu sehen sind. Mit der Betonung dieser Spezifik wendet sich die dialektisch-materialistische Philosophie gegen den *Mechanizismus* und die ihm eigene Tendenz, die höhere Bewegungsform auf niedere und letztlich auf die mechanische Bewegung zu reduzieren. Andererseits wird jede pluralistische Weltanschauung zurückgewiesen, die eine Vielzahl unabhängig voneinander geschaffener Formen annimmt oder behauptet, wie der *Vita-*

lismus, die höhere Bewegungsform, z.B. das Leben, sei aus niederen durch Hinzutreten eines „immateriellen Plus“ entstanden (1,S.222).

Eine **besondere Form der Bewegung** ist die **Entwicklung**, in deren Verlauf es zur Bildung qualitativ neuer Systeme, Eigenschaften, Zusammenhänge kommt. Das ganze Universum kann als System von Entwicklungen auf verschiedenen Stufen aufgefasst werden. Auf der Entwicklungsstufe des Anorganischen befinden sich die Galaxien, die Sternhaufen und Sternassoziationen, die Sonnen- und Planetensysteme, die leblosen Dinge unserer Welt. Von den einfachsten Pflanzen bis zum Menschen erstreckt sich die Entwicklungsstufe des Organischen. Die Gesellschaft, einschließlich des Denkens, ist die dritte Entwicklungsstufe. Jede Stufe besitzt Unterstufen, was an der Entstehung der Arten bis zum Menschen erkennbar ist. Für die Stufen *Organisches und Gesellschaft* lassen sich Kriterien einer progressiven Entwicklung angeben, **z.B. Selbstorganisation, Differenzierung usw.** (vgl. Vorwort: neuere Systemtheorien). Für die anorganische Natur ist das nicht möglich (1,S.337f).

Nach dialektisch-materialistischer Philosophie folgt jede Entwicklung **drei allgemeinen Grundgesetzen**: erstens dem Gesetz von der Einheit und dem Kampf der Gegensätze, was die Quelle der Entwicklung aufdeckt; zweitens dem Gesetz vom Umschlagen quantitativer Veränderungen in qualitative, was die Entstehung neuer Qualitäten im Verlauf der Entwicklung beschreibt; drittens dem Gesetz der Negation der Negation, was Richtung und Resultat angibt. Entwicklung nämlich hat stets Richtung, die auf höhere Formen zielt (**Anmerkung**: von natürlicher Art können die drei „allgemeinen Grundgesetze“ nicht sein, vgl. **1. Problemfeld**).

7. 2. 1. Einheit und Kampf der Gegensätze

Unter den drei Grundgesetzen der materialistischen Dialektik nimmt das Gesetz von der *Einheit und dem Kampf der Gegensätze* den zentralen Platz ein. Es besagt: Alle materiellen und ideellen Systeme, Prozesse usw. werden durch innere **Widersprüche** bedingt, die die Ursachen der **Bewegungen** sind! Alle Existenz-, Struktur-, Bewegungs- und Entwicklungsformen der Materie, von den Elementarteilchen, Atomen und Molekülen bis zu den kosmischen Gebilden, vom einfachsten Lebewesen bis zum Menschen, vom menschlichen Denken bis zur Gesellschaft, zeigen die Wirkungssphäre dieses Gesetzes.

Einheit der Gegensätze bedeutet, dass Systeme, Prozesse usw. gegensätzlich sind, dass ein Gegensatz ohne den anderen nicht existieren kann. **Kampf der Gegensätze** bedeutet, dass sich die Gegensätze **einander ausschließen**, im Widerstreit zueinander liegen. Die Einheit der Gegensätze ist die Grundlage für relatives Gleichgewicht, den relativen Bestand der Systeme usw. Die Gegensätze lassen den dialektischen Widerspruch aber nie zur Ruhe, zum absoluten Gleichgewicht kommen. Es kommt früher oder später zur Auflösung der gegebenen Einheit und zur Setzung einer neuen Einheit usw. Die Widersprüche sind die Ursache, Quelle, Triebkraft aller Bewegung und Entwicklung (1,S.299f).

Nur unter bestimmten Bedingungen ist das einzelne System in der Lage, seine Stabilität gegenüber inneren und äußeren Störungen aufrecht zu erhalten. Gewinnen diese Störungen die Oberhand, dann geht das System in einen qualitativ anderen Zustand über. Gleichgewichtszustände sind nicht absolut starr. **Reale Systeme** wie Atome, Organismen, Gesellschaften, Planetensysteme sind meist **im dynamischen Gleichgewicht**, im relativen Ruhezustand, wobei die einzelnen Elemente untereinander wechselwirken, ständig Einwirkung erleiden. Jedes Gleichgewicht ist deshalb entweder relative Ruhe oder Bewegung im Gleichgewicht, wie die Bewegung der Planeten um die Sonne.

7. 2. 2. Qualität und Quantität

Das zweite allgemeine Grundgesetz der materialistischen Dialektik ist das Gesetz vom *Umschlagen quantitativer Veränderungen in qualitative.* Das Gesetz besagt, dass sich ein Objekt, System usw. **qualitativ verändern** kann, und zwar durch **Zufuhr bzw. Entzug von Materie oder Energie**. Überschreiten die quantitativen Veränderungen das zulässige Maß, dann sprengen sie die Einheit von Quantität und Qualität, dann hört die Qualität auf zu existieren, verwandelt sich in eine grundlegend andere, die eine neue Einheit bildet und in einem neuen Maß existiert. Das Stadium des Sprungs ist das Stadium der Entscheidung, die Lösung des Widerspruchs in eine neue Qualität. Im neu entstandenen System erfolgen Bestand und Wachstum wieder auf der Grundlage quantitativer Veränderungen. Der Zyklus beginnt von vorn. Wichtig ist in diesem Zusammenhang, dass die **Qualität auch in Quantität** umschlagen kann. Auch kann die neue Qualität verhindert werden. Im Stadium des Sprungs gelingt es den noch starken Gegenkräften, die alte Qualität zu wahren bzw. wieder herzustellen. Dies gilt nur für gesellschaftliche Entwicklungen (1,S.1000f).

Da Natur und Gesellschaft viele Entwicklungsstufen durchlaufen, sind verschiedene Formen des Qualitätsumschlags möglich. Der Übergang einer Qualität in eine andere ist an die Beschaffenheit des betreffenden Systems gebunden, jedoch auch an äußere Bedingungen. Die den Qualitätssprung treibenden Veränderungen können durch Zu- oder Abnahme von Energie verursacht worden sein. Auch kann eine Veränderung der Qualität dann eintreten, wenn die Zahl der Elemente gleich bleibt, sich deren Anordnung jedoch ändert, was dann eintritt, wenn dem System Energie zugeführt bzw. entzogen wird. Für Objekte der biologischen, psychischen und gesellschaftlichen Bewegungsform aber erfolgt die Qualitätsänderung meist über mehrere Stufen auf dem Weg allmählicher Akkumulation von Quantitäten.

Das Gesetz vom Umschlagen quantitativer Veränderungen in qualitative gibt mit den anderen Gesetzen der Dialektik an, wie die Systeme usw. ihre wesentlichen Eigenschaften, Verhaltensweisen usw. ändern, ohne andere als natürliche Ursachen annehmen zu müssen. Wird der Kontext nicht beachtet, ist das Gesetz mit idealistischen Auffassungen vereinbar. Für **Hegel, der das Gesetz aufstellte**, beschreibt es nicht den objektiven, in der Zeit vor sich gehenden Entwicklungsprozess der Natur und Gesellschaft. Nach ihm ist die Natur ein System logisch aufeinanderfolgender Stufen, wobei jede ein Entwicklungsstadium der „absoluten Idee“ in ihrem Anderssein darstellt. Wirkliche Entwicklung kommt nicht der Natur, sondern nur der Idee, dem Begriff (Ideologie) zu. Soweit Hegel dieses Gesetz als Entwicklungsgesetz gefasst hat, bezieht es sich auf die Bewegung und Entwicklung des Begriff (Ideologie); soweit er es in der Natur gelten lässt, bezieht es sich nicht auf deren reale Entwicklung, sondern auf deren logische Struktur, die ein Resultat der Entwicklung der „absoluten Idee“ ist (1,S.1000).

7. 2. 3. Negation der Negation

Das dritte allgemeine Grundgesetz der materialistischen Dialektik ist das Gesetz der *Negation der Negation.* Es besagt, dass Systeme ihre **Qualitäten ständig negieren**, dass eine negierte Qualität eine weitere Negation erfährt, dass also die Entwicklung wesentliche Seiten der ursprünglichen Qualität auf höherer Ebene wiederholt. Die **neue Qualität bewahrt alles Positive der alten in sich auf**. Doch bleibt die Entwicklung nicht stehen. Auch die neue Qualität muss eine Negation erfahren. Als Resultat dieser zweiten Negation - der Negation der Negation - entsteht wieder eine neue Qualität, die - logisch gesehen - mit der ursprünglichen, der Position, identisch ist, jedoch, da sie um die progressiven Seiten der ersten Entwicklungsphasen bereichert worden ist, nur eine formale Ähnlichkeit mit der Ausgangsqualität aufweist. Die Entwicklung wiederholt im Stadium der Negation der Negation bestimmte Züge und Merkmale früherer Stadien und kann daher durch die **Form einer Spirale** veranschaulicht werden, in der Weise, dass eine Entwicklung die bereits durchlaufenen Stadien noch einmal durchmacht, aber anders: auf höherer Stufe.

Die Negation der Negation **geht ebenfalls auf Hegel zurück**, der sie als Gesetz der Entwicklung der Materien nicht formuliert hat, sondern - idealistisch - als **Entwicklungsgesetz der absoluten Idee**. Das so formulierte Gesetz hat sein Schema gefördert, mit dem er versucht hat, den Weltprozess als System ineinandergeschachtelter Triaden - bestehend aus Position, Negation sowie Negation der Negation - zu deuten.

Für den philosophischen Materialismus gilt das Gesetz der Negation der Negation nicht als Grundgesetz der Dialektik schlechthin. Es beschreibt nur eine bestimmte Seite der Entwicklung. Das Gesetz von der **Einheit und dem Kampf der Gegensätze** nimmt den **zentralen Platz** ein, da es die Ursache und die Quelle der Entwicklung aufdeckt. Das Gesetz vom Umschlagen quantitativer Veränderungen in qualitative kennzeichnet den Charakter der Lösung der Widersprüche sowie den inneren Mechanismus der Entwicklung allgemein (1,S.855f).

7. 3. Geschichtliche Herleitung des Bewegungsbegriffs

Theorien über Bewegung und Veränderung tauchen schon im antiken Griechenland auf. Heraklit erhebt die Bewegung, den unaufhörlichen Wechsel aller Dinge, erstmalig zum philosophischen Prinzip und sieht die Ursache der Bewegung im Widerstreit der Gegensätze. Die reale Widersprüchlichkeit der Bewegung wird von den *Eleaten,* insbesondere von Zenon, als logische Widersprüchlichkeit gedeutet, die zu Aporien, zu Denkunmöglichkeiten, führen, so dass die reale Bewegung geleugnet und das unveränderliche, zeit- und bewegungslose Sein als einzig Reales angenommen wird. Das Leugnen einer realen Bewegung steht jedoch im Widerspruch zur offenkundigen Bewegung in der Natur und Gesellschaft. Deshalb schließt sich die spätere griechische Naturphilosophie der Auffassung Heraklits an, entwickelt sie zur *Atomlehre* weiter, wobei nach Leukipp, Demokrit und Epikur die stofflichen Qualitäten durch Mischung und Trennung, Zusammenstoß und Wirbel der als Urelemente gedachten Atome entstehen, denen die Bewegung als immanent zuerkannt wurde. Aristoteles hingegen betont die *Kontinuität* und behauptet gegen Zenons

Argument der Nichtwirklichkeit der Bewegung die Kontinuität von Raum und Zeit, wobei ihm als reale Bewegung nicht nur die Ortsveränderung, d.h. die Bewegung im leeren Raum, sondern auch qualitative Veränderungen gelten. Um dem Haupteinwand des Zenon zu entgehen, dass ein in Bewegung befindlicher Körper in einem und demselben Zeitmoment an einem und demselben Ort sein müsse und zugleich nicht sein könne, weist er der Bewegung im weitesten Sinn die Sphäre des Übergangs von der Potentialität (Möglichkeit) zur Aktualität (Wirklichkeit) zu. Von dort aus kommt Aristoteles - ähnlich Platon - zu idealistischen Hypothesen. Der unbewegten und ungeformten Materie steht eine hierarchisches System der Formen gegenüber, die mit Gott, dem unbewegten ersten Beweger, als *primäres Prinzip* gelten müsse. Aristoteles hat eine Trennung von Materie und Bewegung so vorgenommen.

Die scholastische Philosophie des Mittelalters ist Aristoteles verpflichtet und bringt keine Weiterentwicklung der Bewegungslehre. In der Spätscholastik, innerhalb des jüngeren Nominalismus, entwickelt Buridan, vor dem Hintergrund des erwachenden naturwissenschaftlichen Interesses, die Vorstellung, dass die irdische und kosmische Bewegung ein Ergebnis des Widerstreits zwischen Impetus (Anstoß, Schwung) und (Luft)widerstand sein müsse. In der Philosophie des Cusanus sowie bei Bruno am Beginn der Neuzeit werden Bewegung und Ruhe, Werden und Vergehen als reale Gegensätze angesehen und alle Naturdinge als widerspruchsvoll betrachtet. In der Neuzeit rückt das Problem des Zusammenhangs von Materie und Bewegung erneut in den Vordergrund. Durch Fortschritt der Mechanik entsteht die Auffassung, dass die mechanische Bewegung, die bloße Ortsveränderung, die einzige Form der Bewegung sei und sich jede andere darauf zurückführen lasse. So vertritt Newton die Ansicht, dass jede Bewegung, z.B. die der Planeten um die Sonne, gemäß mechanischer Gesetze erfolge, dass aber das ganze Weltgetriebe durch einen ersten göttlichen Anstoß in Bewegung versetzt worden sei. Dieser theologischen Schlussfolgerung versuchen die englischen und französischen Materialisten des 18. Jahrhunderts zu entgehen, indem sie die innere Aktivität der Materie betonen (Selbstorganisation). So nennt Toland die Bewegung eine wesentliche Eigenschaft der Materie. In analoger Weise äußern sich auch Diderot, Lamettrie, Helvétius und andere Materialisten, wobei das Postulat vom göttlichen ersten Anstoß einer Kritik unterzogen wird.

Wesentliche Beiträge zur dialektischen Bewegungslehre sind von Leibniz und insbesondere von Hegel geleistet worden. Leibniz entwickelt den gegen Descartes gerichteten Gedanken des untrennbaren und universellen

Zusammenhangs von Materie und Bewegung von einer objektiv-idealistischen Position her. Im Unterschied zu Descartes und Spinoza fügt er dem Begriff der Substanz die tätige Kraft, das Prinzip der Selbsttätigkeit, hinzu. Die einfachen Substanzen (Monaden) unterliegen einer immerwährenden Veränderung, die einem inneren Prinzip entspringt, das von Leibniz Begehrungstrieb genannt wird und den Monaden als Quelle innerer Unruhe dient. Hegel versteht die gesamte Wirklichkeit als Prozess, der in ständiger Veränderung begriffen ist. Die Bewegung ist nicht nur mechanische Bewegung, sondern vor allem Selbstbewegung, Lebendigkeit, Trieb. „Als Prinzip und innere Quelle der Selbstbewegung gilt Hegel der dialektische Widerspruch", der die Wurzel aller Bewegung und Lebendigkeit ist: „Nur insofern etwas in sich selbst einen Widerspruch hat, bewegt es sich, hat Trieb und Tätigkeit." Folglich steht die „Bewegung in unmittelbarem Zusammenhang mit der Materie, da sie das ‚Vergehen und Sichwiedererzeugen des Raums in Zeit und der Zeit in Raum' ist, während die Realität, in die Raum und Zeit übergehen, ‚die unmittelbar identische und daseiende Einheit beider' als Materie erscheint." Doch „als Einheit von Kontinuität und Diskontinuität der Zeit und des Raumes ist die Bewegung selbst widersprüchlich." (1,S.218f) Solche wichtigen Überlegungen von Leibniz und Hegel sind in die dialektisch-materialistische Lehre eingebaut und bis zu uns weiterentwickelt worden.

7. 4. Materiebegriff und geschichtliche Herleitung

Der philosophische Materialismus wendet sich gegen die metaphysische Trennung von Materie und Bewegung. Nach ihm sind alle Dinge und Erscheinungen miteinander verknüpft. Als Resultat der sich bewegenden und entwickelnden Materie erweisen sich alle Dinge und Erscheinungen als Prozesse des Übergangs von niederen zu höheren Zuständen und umgekehrt. Materie und Bewegung sind miteinander verbunden: Bewegung ist die Daseinsweise der Materie, ihr inhärentes Attribut. Materie kann nicht anders existieren und sich bewegen als in Raum und Zeit, die ihre Daseinsformen sind. Das Bewusstsein - selbst höchstes Entwicklungsprodukt der Materie - ist befähigt, die Materie widerzuspiegeln, ihre konkreten Existenz- und Bewegungsformen zu erkennen.

Im Rahmen der Erkenntnistheorie ist die Gegenüberstellung von Materie und Bewusstsein absolut. Dies ist vor allem gegen die subjektiv-idealistische These gerichtet, welche die Gegenstände der Außen- oder Umwelt als Empfindungskomplexe kennzeichnet, so dass die Empfindung - im weitesten Sinne - zur einzigen Realität würde, also Geist, Gott oder absolute Idee. Nach dialektisch-materialistischer Vorstellung aber gilt nur die alles hervorbringende Materie als objektive Realität.

Der **Begriff der Materie** ist - wie erwähnt - eine Verallgemeinerung der außerhalb des Bewusstseins existierenden Dinge und Erscheinungen. Von qualitativer und quantitativer Verschiedenheit absehend widerspiegelt er als **allgemeinste Kategorie** dasjenige, was den Dingen und Erscheinungen gemeinsam ist und beansprucht „Eigenschaft" objektiver Realität zu sein. **Materie** darf **nicht** mit einer ihrer konkreten Existenzformen, mit **Körper oder Stoff** gleichgesetzt werden. Diese Auffassung ist nicht der Standort des dialektischen Materialismus, sondern der des *mechanischen Materialismus,* dem Eigenschaften wie Ausdehnung, Schwere, Dichte, Undurchdringlichkeit als Attribute der Materie wichtig sind.

Der **Materiebegriff** des dialektischen Materialismus ist gegenüber dem des mechanischen Materialismus eine **erkenntnistheoretische Abstraktion**, also kein naturwissenschaftlich-ontologischer Begriff. Von den natürlichen Erscheinungen wird abgesehen, so dass sich alle existierenden Dinge mit dem Begriff der Materie zusammenfassen lassen. Materie ist nichts Sinnlich-Existierendes, nichts, was man sehen oder sonst erfahren könnte, sondern Abkürzung für verschiedene Dinge, Eigenschaften und Formen. Der philosophische Materialismus bestreitet daher nicht nur die Erkennbarkeit der „Materie als solcher", sondern vor allem auch deren Existenz (1,S.894).

Für die griechischen Philosophen des 6. Jahrhunderts v. Chr. ist das Bestreben charakteristisch, die sinnlich erfahrbare Welt auf ein einziges materielles Grundelement zu reduzieren. Bei Thales ist es das *Wasser,* bei Anaximenes die *Luft,* bei Heraklit das *Feuer,* das als Quelle ununterbrochener Bewegung ihm gilt. Leukipp und Demokrit begründen die atomistische Lehre, in der kleinste materielle Teilchen angenommen werden, die *Atome,* die die Vielfalt der Dinge und Welten bilden. Mit der Idee der Selbstbewegung entwickeln Epikur und Lukres die Atomlehre weiter. Doch Anaximander geht von einem unbegrenzten, qualitativ-unbestimmten materiellen Element aus: dem *Apeiron.* Als abstrakte logische Bestimmung, die von allen Besonderheiten der Dinge und Erscheinungen absieht, kann der Begriff des Apeiron als erster Ansatz eines Materiebegriffs gelten, der von Aristoteles formuliert worden ist.

Materie ist nach Aristoteles das Substrat, aus dem die Dinge bestehen. An sich hat Materie keine Eigenschaften. Als potentielle Möglichkeit ist sie gedacht, die mit der Form erst wirklich wird. Ihrem Wesen nach ist sie träge und passiv, erhält ihre konkrete Bestimmung erst durch die Form, das tätige Prinzip, den ersten Beweger.

Die Auffassung des Aristoteles wird von Philosophen des Mittelalters übernommen und nach religiösen Vorstellungen modifiziert. Averroes betont hingegen, dass die Bewegung zur Materie gehöre, unzerstörbar und ewig sei - gleich der Materie selbst. Duns Scotus erwägt, dass Gott die Materie befähigt habe zu denken, dass die Materie selbst denken könne (was in Gottes Allmacht übrigens stände). Die weitere Entwicklung des Materiebegriffs steht in engem Zusammenhang mit der Entwicklung der Naturwissenschaften und der allmählichen Befreiung der Einzelwissenschaften von der Philosophie.

Bruno sieht die Materie als Substanz der Wirklichkeit, die von konkreten Arten zu unterscheiden sei. Materie, Form und Bewegung sind bei Bacon eine Einheit. Nach ihm ist die Materie tätig; ihre wichtigste Eigenschaft ist die Bewegung.

Descartes entwickelt ein dualistisches Prinzip, wonach die Welt in eine materielle und eine geistige Substanz unterteilt ist. Als Attribut der Materie gilt die Ausdehnung. Der unendlich ausgedehnten Materie steht ihre zeitliche Endlichkeit gegenüber. Die Materie ist nicht ewig, jedoch von Gott erschaffen, was Hobbes dann kritisiert: es gibt nur die einheitliche materielle Substanz als Quelle unserer Gedanken und Vorstellungen; Denken und denkende Materie dürfen nicht getrennt werden. Der metaphysische Charakter der Hobbes'schen Philosophie zeigt sich darin, dass zur Materie zwar die Ausdehnung, nicht jedoch die Bewegung gehört. Gassendi verwirft die Trennung von Materie und Bewegung und erkennt, in Gestalt der Atome, der Materie inneres Streben zu. Spinoza geht im Gegensatz zu Descartes von nur einer Substanz aus. Unerschaffbar und unzerstörbar existiert sie unabhängig vom Bewusstsein. Nach ihm ist Denken keine selbständige Substanz, sondern neben der Ausdehnung ein Attribut der Natur. Die Bewegung gehört - nach Spinoza - nicht zu den Attributen der Materie. Unter dem Einfluss äußerer Ursachen kommt sie zustande. Wenn aber die Bewegung zur Materie nicht gehörte, dann müsste sie von Gott beigeführt werden. Dieser Schluss wird ausdrücklich von Newton gezogen.

In Leibniz' Monadenlehre wird die Trennung von Materie und Bewegung auf idealistischer Grundlage aufgehoben: Die Monaden gelten als geistige

Substanzen, die sich ständig bewegen. Die französischen Materialisten des 18. Jahrhunderts, vor allem Holbach und Helvétius, liefern vorwiegend sensualistische Bestimmungen: Materie ist das, was auf die Sinne einwirkt. Diese Bestimmung übersteigt zwar die Substanzvorstellung, bleibt jedoch von der Mechanik noch beeinflusst. Gemäß damaligem Kenntnisstand setzen die französischen Materialisten Materie vorwiegend mit *Stoff* gleich, der im Sinne der Atomistik aufgefasst wird. Feuerbach verteidigt in der Kritik der Hegel'schen Philosophie zwar die Ansicht vom Primat der Materie gegenüber dem Bewusstsein, versteht jedoch Materie noch als Stoff. Insbesondere von Marx und Engels wird der dialektisch-materialistische Materiebegriff dann aufgebaut (1,S.769ff).

7. 5. Raum- und Zeitbegriff - geschichtliche Herleitung

Der philosophische Materialismus geht davon aus, dass **Raum und Zeit an Materie gebunden** sind. Nach ihm gibt es weder einen an sich seienden, unabhängig existierenden absoluten Raum noch eine absolute Zeit. Die dialektische Natur von Raum und Zeit kommt durch Widersprüche zum Ausdruck: Raum und Zeit vereinen Absolutes und Relatives; sie existieren absolut, weil sie die unabdingbaren, objektiv-realen Existenzformen der Materie sind; sie existieren relativ, weil ihre Eigenschaften vom Zustand der Materie, von deren Verteilung und Geschwindigkeit im betreffenden Bereich des Weltalls abhängen. Zudem zeigt sich das **widersprüchliche Wesen** von Raum und Zeit am Widerspruch des **Endlichen und Unendlichen** sowie des Stetigen und Diskreten, nämlich der **Kontinuität und Diskontinuität** (vgl. Komplementarität, 7.2).

Raum und Zeit existieren nach dialektisch-materialistischer Philosophie objektiv-real, unabhängig vom menschlichen Bewusstsein. Die idealistische Behauptung, Raum und Zeit seien subjektive Anschauungsformen, wird zurückgewiesen: Die Welt hätte in Raum und Zeit vor dem Menschen nicht existieren können. Nach dialektisch-materialistischer Philosophie gelten Raum und Zeit als grundlegende und bewusstseinsunabhängige Existenzformen der Materie: In der Welt existiert nichts als die sich bewegende Materie, die sich selbst nicht anders bewegen kann als in Raum und Zeit.

Die ersten wichtigen Aussagen über Raum und Zeit finden sich bei Demokrit. Aus dessen Atomistik ist ablesbar, dass Raum und Zeit zusammengehören. Der Raum als Leere, in dem die Atome sich bewegen, ist notwendige Bedingung der Bewegung. Die Zeit, obwohl ungebunden, existiert mit der Bewegung der Atome. Nach Demokrit ist der Raum als unendlich, die Zeit als ewig anzusehen. Auch nach Aristoteles existieren Raum und Zeit objektiv. Zwar ist Zeit an Bewegung gebunden, jedoch als „Zahl der Bewegung“ auch an die Seele: Zählen kann nur sie. Der Weltraum ist endlich ausgedehnt, die Zeit fließt gleichmäßig dahin.

Die Gesamtheit der geometrischen Kenntnisse der Antike ist in systematisierter und verallgemeinerter Form in den „Elementen“ des Euklid erschienen. Ein Raum, der solche Eigenschaften besitzt, die der alltäglichen Erfahrung des Menschen entsprechen, nennt man euklidischen Raum.

Im Mittelalter wird der Weltraum als endlich ausgedehnt angenommen. Am Beginn der Neuzeit aber, im Anschluss an Kopernikus, setzt sich der Gedanke von der Unendlichkeit durch. Im Gegensatz zu Aristoteles und zur Kirche vertreten Bruno und Galilei die Ansicht eines unendlichen Weltalls. Wichtig ist das von Galilei formulierte *Relativitätsprinzip,* wonach die Homogenität von Raum und Zeit beim Ablauf mechanischer Prozesse in beliebigen Inertialsystemen angenommen wird. Die von ihm entdeckten Gesetze des freien Falls setzen einen gleichmäßigen Zeitablauf voraus. Der von Descartes entwickelte Raumbegriff ist mehr qualitativ. Er reduziert den Raum auf kleinste materielle Partikel, die Korpuskel genannt werden. Die Zeit ist nach ihm ein Modus des Denkens, der im Gegensatz zum Raum nicht objektiv existiert.

Durch Newton erhält die Raum- und Zeitvorstellung ihre klassische Form: Raum und Zeit sind objektiv real - unabhängig von der Materie. Der Raum, das *Sensorium Gottes,* ist dreidimensional, wird als leerer, unendlich ausgedehnter Behälter gesehen, in dem die Körper sich bewegen. Er besitzt keine physikalischen Eigenschaften, nur geometrische, und entspricht der euklidischen Geometrie.

Leibniz vertritt, im Gegensatz zu Newton, eine dialektische Auffassung. Nach ihm sind Raum und Zeit an Materie gebunden. Da die Materie ein Anderssein der Seele ist bzw. die Monaden geistige Substanzen sind, hat Leibniz eine idealistische Richtung eingeschlagen. Seine Auffassung über das Wesen von Raum und Zeit findet ihren entwickelten Ausdruck bei Kant, für den sie reine Formen der Anschauung sind, die nur dem Subjekt zukommen, nicht den Dingen an sich.

In objektiv-idealistischer Weise versucht auch Hegel die Newton'sche Raum-Zeit-Trennung (von der Materie) zu überwinden. Die Materie ist für ihn Synthese aus Raum und Zeit, besitzt diesen gegenüber sekundären Charakter. Raum und Zeit sind reine Quantitäten, die bei Veränderung zu keinen qualitativen Veränderungen führen. Dagegen betont Feuerbach in seiner Kritik der Hegel'schen Philosophie, dass Raum und Zeit objektive Existenzformen, Wesensbedingungen der Materie sind (1,S.1012ff). Diese Vorstellung mündet in den dialektisch-materialistischen Raum- und Zeitbegriff.

Nach dialektisch-materialistischer Lehre existieren Raum und Zeit real, bilden eine Einheit von *Absolutem* und *Relativem*, absolut, weil sie die Existenzformen der Materie sind, relativ, weil sie von Zuständen im Universum (Massenverteilung, Geschwindigkeit) abhängig sind. Weiterhin liegt ihr widersprüchliches Wesen darin, dass sie Endliches und Unendliches, Stetiges und Diskretes, Kontinuität und Diskontinuität an sich haben.

Aus dem widersprüchlichen Charakter der in Raum und Zeit existierenden Materie sind die **„allgemeinen Grundgesetze"** der materialistischen Dialektik hergeleitet worden (vgl. 7.2.1. bis 7.2.3.), jene „Gesetze", denen die **Gesellschaft** bzw. **Geschichte** folgen soll. Weil diese „Gesetze" stets ein *Zutun von Menschen* verlangen, können sie von natürlicher Art nicht sein bzw. dem **Gesetz der Natur** nicht zugeordnet werden! Diesbezüglich sei auf das *Gedankenexperiment* noch einmal gewiesen (s. 1. Problemfeld), das den Unterschied zwischen natürlichem und staatlichem Gesetz deutlich gemacht hat. Der **Gesetzesbegriff** der materialistischen Lehre ist unvollständig und irreführend zugleich.

8. Aufbau des klassischen Weltbildes

Neben weltbildlicher Bedeutung sind die philosophischen Begriffe der **Materie, Bewegung** (Entwicklung), **Raum** und **Zeit** auch in methodologischer Hinsicht wichtig geworden. Zuerst haben sie die Naturphilosophie auf die objektive Realität gewiesen, dann auf die Möglichkeit eines geschlossenen Weltbilds. Dies ist vor allem durch Newtons Werk und die darauf aufbauende Analytische Mechanik deutlich geworden, in der die Bewegungsgesetze der himmlischen und irdischen Körper zur **ersten großen Synthese** kamen (1687). Die **zweite große Synthese** bezieht sich auf zwei Stoffeigenschaften: auf Magnetismus und Elektrizität. Durch Entdeckungen von H.Ch.Oersted (1777-1851) verschmolzen beide Theorien zum Elektromagnetismus (1820). In der **dritten großen Synthese**, der Maxwell'schen Theorie des elektromagnetischen Feldes, flossen die Entwicklungslinien des Lichts und des Elektromagnetismus zusammen, und zwar im Jahre 1864. Stoff- und Lichteigenschaften kamen zu einer weiteren Synthese.

8. 1. Theorie des elektromagnetischen Feldes

Mit dem Ausbau der Analytischen Mechanik erfolgte eine Klärung der elektrischen und magnetischen Erscheinungen. **Magnetismus** und **Elektrizität** waren zunächst Einzelerscheinungen an Mineralien: am Magnetstein und Bernstein. Wegen der Auffälligkeit dieser Steine konnten die magnetischen Erscheinungen früher geklärt werden.

Das Buch „Über den Magneten" des englischen Arztes W.Gilbert (1540-1603), das im Jahre 1600 erschien, ist - wie erwähnt - als Vorbild der experimentellen Methode gewertet worden. Über den Magnetismus, der als Muster einer geheimnisvollen Kraft galt, stellten Descartes und Huygens Theorien auf. Doch vor der Vereinigung mit der Elektrik waren Gilberts Ausführungen der Höhepunkt der Magnetik. Die Mitteilung magnetischer Eigenschaften an gewöhnliches Eisen wurde erst später verstanden - in Analogie zu den entsprechenden elektrischen Erscheinungen. Gilbert kannte zwar den Unterschied zwischen magnetischer Anziehung und elektrischer Anziehung; der Vorgang der Elektrizitätsleitung aber war noch unbekannt (3,S.193ff).

Die moderne Elektrik beginnt vor allem mit B.Franklin (1706-1790), Priestley (1733-1804), Coulomb (1736-1806), Galvani (1737-1798) und

Volta (1745-1827). Deren Forschungsergebnisse sind der Anfang vom Ende des Zeitalters der „feinen Fluida", des elektrischen und magnetischen Fluidums und des kalorischen Stoffes (2,S.471). Das nach Coulomb benannte Gesetz der Kraft zwischen elektrischen Ladungen eröffnete eine mathematische Elektrostatik, die zu einer Präzision der Begriffe Spannung und Ladung sowie - beginnend mit Poisson (1781-1840) - zu einer mathematischen Theorie der elektrischen Felder zwischen Leitern führte (3,S.201). Am Anfang des 19. Jahrhunderts existierte nicht nur eine **Elektrostatik**, sondern auch eine **Magnetostatik**, die nach dem **Vorbild der Mechanik** ausgearbeitet worden war.

Die Ausarbeitung einer **Elektrodynamik** erfolgte unmittelbar danach. Sie verlief hauptsächlich über Galvani, Volta, Oersted und Ampère. Im Jahre 1780 beobachtete Galvani das Zucken von Froschschenkeln zwischen zwei Metallen während einer elektrischen Entladung. Durch weitere Experimente stellte er fest, dass es nur auf die Berührung zweier verschiedener Metalle ankam. Mit dieser Entdeckung erhoffte er sich einen Zugang zu den tiefsten Fragen der Biologie, kam aber 150 Jahre zu früh. Erst im 20. Jahrhundert wurde die **Nervenleitung als elektrischer Vorgang** voll verstanden.

Galvanis Entdeckungen wurden von Volta ausgewertet. Er stellte eine Spannungsreihe auf, eine Folge von Metallen, an der das je vordere elektrisch positiv, das je folgende elektrisch negativ wurde. Mit dieser „Säule" konnte er hohe Spannungen und länger fließende Ströme erzeugen (3,S.201f). Im Jahre 1820 publizierte Oersted seine klassische Arbeit über die Ablenkung einer Magnetnadel durch einen elektrischen Strom. Experimente über die **Wechselwirkung elektrischer Ströme** und die Wirkung des Stroms auf einen **Magneten**, die Ampère (1775-1836) durchgeführt hatte, brachten seine „Mathematische Theorie der elektrodynamischen Erscheinungen" hervor (2,S.474).

Auf Ampères Elektrodynamik folgte Faradays (1791-1867) Entdeckung der elektro-magnetischen Induktion und der Einwirkung eines Magnetfelds auf Licht. Auf der Entwicklungslinie des Lichts liegen seit der Antike Ansätze einer geometrischen Optik. Im Jahre 1676 entdeckte O.R'ömer die **endliche Fortpflanzungsgeschwindigkeit des Lichts**. Huygens nahm darauf Bezug und entwickelte mit Hilfe eines mechanischen Modells die Theorie der wellenförmigen Fortpflanzung, die auf der Hypothese der Elementarwellen aufbaute. Newton lehnte die Hypothese ab und vertrat eine **Partikeltheorie** des Lichts, die sich durchsetzen konnte. Am

Anfang des 19. Jahrhunderts aber wurden Huygens' Ideen der Lichtfortpflanzung sowie die der Reflexion und Brechung des Lichts wieder aufgenommen. Die Gedanken wurden auf höherem Niveau experimenteller Technik und mathematischer Verfahrensweise fortentwickelt. Diese Neubegründung der **Wellentheorie** erfolgte durch Youg (1773-1829) in England und Fresnel (1788-1827) in Frankreich. Einer ihrer zentralen Begriffe ist der **Begriff des physikalischen Felds**, mit dessen Hilfe die elektromagnetischen Erscheinungen gedeutet wurden.

Die Wellentheorie konnte die fundamentalen Tatsachen der Interferenz, Beugung und Polarisation des Lichts erklären, wobei zu erwähnen ist, dass sich Young auf Newton berufen konnte, der bemerkt hatte, dass eine Flutwelle, die durch eine Meeresenge in zwei Wellenzüge gespalten worden war, sich bei Wiedervereinigung schwächte bzw. verstärkte. Besonders hervorzuheben sind auch Fresnels Ausführungen. Nach ihm sind Lichtwellen leuchtende Partikel und der rapide Wechsel der Wellenschwingungsebene tritt als Folge dauernd wechselnder Oszillationsrichtungen der Partikel auf. Der Begriff des natürlichen Lichtbündels konnte als Gesamtheit polarisierter Lichtstrahlen definiert werden.

Die Wellentheorie des Lichts ging durch Faraday und Maxwell (1831-1879) in ihr Endstadium über. Faraday hatte die **Einwirkung eines Magnetfelds auf Licht** beobachtet und war von der Realität des elektro-magnetischen Charakters fest überzeugt. Für ihn stellten die Kraftlinien keine mathematische Abstraktion dar, sondern einen integralen und konkreten Teil der physikalischen Wirklichkeit. Den Begriff der Kraftlinie im Sinne von Faden oder dünner Röhre, zu der senkrecht ein Druck, längst eine Spannung herrscht, arbeitete Maxwell aus. Sein mechanisches Modell erklärt die wesentlichen Züge der **elektro-magnetischen Induktion**, nämlich die Erzeugung elektrischer Ströme und die Verkettung von veränderlichen elektrischen und magnetischen Feldern. Im Jahre 1865 publizierte Maxwell die endgültige Fassung seiner Theorie, in der jeder weitere Bezug auf ein mechanisches Modell fehlt.

Als wesentlicher Teil seiner Theorie erscheinen die elektro-magnetischen Gleichungen und deren Interpretation, wodurch zum ersten Mal zugestanden wird, dass **mechanische Analogien**, so förderlich sie auch sein mögen, **nur Notbehelfe** sind, die nicht als wahre Abbildungen der physikalischen Realität gelten dürfen. „Mathematische Ableitungen und Analogien ergänzten in wachsendem Maße die bildlichen Analogien mechanischer Modelle und verdrängten sie schließlich. Selbstverständlich war Faradays intuitives Erfassen des **Kraftfeldes** von ungeheuerer Bedeutung“ (2,S. 35). In ihm erstanden das **Pneuma**: der dynamische Kontinuumsbegriff der Stoiker, und der Ätherbegriff des 17. Jahrhunderts zu neuem Leben, jedoch mit einer Präzision und Tiefe der Konzeption, die jene Begriffe bei weitem übertraf. Dank der mathematischen Sprache und der Maxwell' schen Gleichungen erhielt die Idee des elektro-magnetischen Feldes mit allen ihren Implikationen und Konsequenzen die endgültige Fassung (2,S. 35). Maxwells Identifizierung des Lichts als elektro-magnetische Erscheinung brachte die Hauptbereiche **Elektrizität, Magnetismus** und **Licht** zur **dritten großen Synthese**. Etwa zwanzig Jahre später bewies H.Hertz (1857-1894) die Maxwell'sche Theorie des elektro-magnetischen Felds als richtig: Lichtwellen verhalten sich in jeder Beziehung wie elektro-magnetische Wellen (2,S.473ff).

8. 2. Elektrochemie

Das Wissen um die elektrischen Eigenschaften der Stoffe führte zu einer weiteren **Synthese**: zur Elektrochemie, d.h. der **Verknüpfung von Physik und Chemie**. Die Elektrochemie wurde gefördert durch die Gesetze der Elektrolyse, die von Faraday stammen. Auf der Entwicklungslinie der modernen Chemie liegen am Anfang Arbeiten von Gassendi, Boyle und Dalton (1766-1844), wodurch die **Atomlehre** Epikurs und die Korpuskularhypothese wiederbelebt wurden. Lavoisier (1743-1794), der Vater der modernen theoretischen und experimentellen Chemie, führte zuverlässige Messmethoden ein, nämlich die analytische Waage als wichtiges Instrument quantitativer Untersuchung. Durch Lavoisier begann der **Begriff des chemischen Elements** Form anzunehmen. Er kannte schon 23 solcher Elemente, die teils an ihren chemischen Reaktionen, teils an ihren Gewichten zu erkennen waren.

Die Zahl der bekannten Elemente wuchs bis 1830 auf 54 an, vor allem durch Arbeiten von Dalton, Gay-Lussac (1778-1848), Avogadro (1776-1856) und Berzelius (1779-1848), der auch die Vermutung aussprach, dass die chemischen Elemente elektropositiv und elektronegativ charakterisiert seien und die chemische Affinität auf der Anziehung der jeweils wirksamen Ladungen beruhe, was Faradays elektrochemische Gesetze ausdrücken. Dalton ordnete die Elemente nach ihren Gewichten und betonte die Wichtigkeit dieser Ordnung. Der englische Arzt W.Prout (1785-1850) sprach die Vermutung aus: „Die Atomgewichte sind ganze Vielfache des Gewichts von Wasserstoff, des leichtesten Elements“, was hundert Jahre später bestätigt wurde. Das Proton, der Wasserstoffkern, ist ein wesentlicher Baustein aller Atomkerne bzw. der Materie im physikalischen Sinn.

Im Jahre 1869 entdeckten Mendelejew (1834-1907) und L.Meyer (1830-1895) das **periodische System der Elemente**, oder anders: die Periodizität physikalischer und chemischer Eigenschaften der Atome. Man begann, zwischen dem Atom, der kleinsten chemischen Einheit, und dem Molekül zu unterscheiden. In der organischen Chemie stellte man fest, dass verschiedene Moleküle, die dieselbe Kombination von Atomen aufwiesen, verschiedene Eigenschaften zeigten. Dies führte zur **Molekularstruktur der Materie** und zum Aufschwung der strukturalen Naturauffassung. Kirchhoff (1824-1887) und Bunsen (1811-1899) entdeckten die Spektroskopie und machten das Spektroskop zu einem Instrument von höchster Leistungsfähigkeit - für die **Erforschung der Materie** speziell (2,S.471ff).

8. 3. Partikelbegriff und Kontinuumbegriff

Der Wichtigkeit wegen sei noch einmal in Erinnerung gerufen: In der Geschichte der Naturwissenschaften machen sich zwei verschiedene, voneinander getrennte Tendenzen bemerkbar. Die eine ist die Entwicklung des **Kontinuumbegriffs**, die andere die des **Partikelbegriffs** (vgl. 2.7). Beide Begriffe haben ihre Wurzeln in der Antike, sind auf das Wesen der Materie und die Art und Weise physikalischer Wirkungen bezogen.

8. 3. 1. Geschichtliche Herleitung

Im Mittelpunkt der Kontinuumslehre der Stoiker steht die Vorstellung vom alldurchdringenden **Pneuma**, dem wissenschaftlichen Analogon des allgegenwärtigen Gottes (2,S.13). Die stoische Physik lehrt einen **Pantheismus**, wonach Gott und Welt identisch sind. Als Ursache jeder Bewegung fungiert das Pneuma, als vernünftig waltendes Prinzip, das alles zusammenhält und alles bestimmt. Das Pneuma durchzieht die Materie, ähnlich der Bewegung einer stehenden Welle. „Historisch gesehen kann man das Pneuma als einen Vorläufer des modernen Kraftfeldes betrachten, des zentralen Begriffs der Physik von Faraday und Maxwell" (2,S. 27). Von Faradays Feldtheorie und Maxwells Gleichungen führt die Entwicklung des **Kontinuumbegriffs** bis zu Einsteins Allgemeiner Relativitätstheorie.

Der rivalisierende Partikelbegriff steht im Mittelpunkt der antiken Atomlehre (Leukipp, Demokrit, Epikur), **ohne** die Annahme eines **göttlichen Schöpfers** bzw. ersten Bewegers: „In Wahrheit" gibt es für Demokrit „nur die Atome und das Leere" (2,S.85). Unzerstörbar, ewig und nach Anzahl unendlich sind die Atome. Das Aufeinanderprallen der Atome führt zu mannigfaltigen Welten, in denen die Dinge entstehen und vergehen. Die Seele ist auch nur eine Verbindung besonders feiner Atome, die beim Tod des Menschen vergeht. Ein Spezialfall der Atombewegung ist das Denken (1,S.768).

Am Anfang der Neuzeit wurde der Partikelbegriff von Gassendi aufgegriffen. Alle Eigenschaften der Materie, die in der Folgezeit entdeckt wurden, ließen sich damit deuten. „Faradays Gesetze der Elektrolyse zeigten, dass die Materie aus elektrisch geladenen Teilchen aufgebaut ist, obwohl sie nach außen elektrisch neutral auftritt. Ein halbes Jahrhundert später führten eine verbesserte Vakuumtechnik und die Benutzung elektrischer und magnetischer Felder beim Studium bewegter Ladungen zur endgültigen Etablierung des Elektrons und der positiven Ionen einschließlich des einfachsten, des Wasserstoffkerns oder Protons. Die kinetische Gastheorie und die statistische Mechanik vervollständigten ein Bild der korpuskularen Struktur der Materie, das auf den Konzeptionen der klassischen Mechanik beruhte" (2,S.38).

Rückblickend sei gesagt: Die **Kontinuumslehre** der Stoiker einerseits und die **Atomlehre** Leukipps, Demokrits und Epikurs andererseits sind auf verschiedenen Stufen der Erkenntnis analysiert und diskutiert worden, bis in unsere Zeit hinein. „Diese beiden miteinander rivalisierenden Systeme waren die Vorläufer der jahrhundertlangen Antithese der Begriffe von Korpuskel und Feld, die die Physik beherrschten und erst in der modernen Interpretation der Quantenmechanik vor etwa 50 (80) Jahren zur (fünften großen) **Synthese** gelangten" (2,S.13). Im weiteren Verlauf der Darstellung wird darauf näher eingegangen.

8. 3. 2. Positivistische Sicht

Das wissenschaftliche Denken war im 19. Jahrhundert stark vom Positivismus beeinflusst, einer Strömung, die sich **gegen die Vormundschaft der christlichen Kirchen** wandte und den Prozess der Loslösung beschleunigte. Für den Positivismus war der Atombegriff nur ein nützlicher Kunstgriff, der zur Klärung gewisser makroskopischer Erscheinungen diente. Das wesentliche Credo des Positivismus, dass die Naturwissenschaft ausschließlich Methodologie sei und eine echte wissenschaftliche Theorie nicht metaphysische, sondern **nur beobachtbare Dinge** behandeln dürfe, wurde von vielen Wissenschaftlern, insbesondere von Mach (1838-1916), vertreten. Doch kein Zweifel besteht heute an der Realität von Atomen und Elementarteilchen. Selbstverständlich sind solche Gebilde immer „Tatsachen höherer Ordnung", die viel mehr Annahmen und Experimente erfordern als die sogenannten „einfachen Tatsachen", für die unsere Sinne unmittelbar Zeugnis ablegen (2,S.40). Heute besteht auch kein Zweifel an der Realität eines elektro-magnetischen Feldes, das ebenfalls eine „Tatsache höherer Ordnung" ist.

8. 4. Thermodynamik

Mit der Entwicklung des Kontinuumbegriffs kam im Jahre 1864 die „Theorie des elektromagnetischen Feldes" zum Durchbruch, durch welche die Theorie des Lichts und die des Elektromagnetismus vereint wurden. Andererseits brachte die Entwicklung des Partikelbegriffs um 1870 eine **vierte große Synthese**: die **Statistische Mechanik**, in der die Kinetische Wärmetheorie und die Analytische Mechanik vereint wurden, was die Maxwell'sche Theorie des elektromagnetischen Feldes noch übertraf.

Die Statistische Mechanik führt makroskopische Eigenschaften der Körper auf deren mikroskopischen Aufbau zurück. In mehreren Schritten wurde sie formuliert und zur **Thermodynamik** weiterentwickelt. Nach ihr wird Wärme nicht mehr als Stoff, sondern als Bewegung atomarer Teilchen gedeutet, so dass Mechanik und Wärmelehre zur Thermodynamik verschmelzen konnten. Die Entwicklung der Thermodynamik ist eine weitere **Bestätigung der synthetische Methode**, durch welche Teilbilder in ein allgemeines Bild verwandelt werden (2,S.34).

8. 4. 1. Erster und zweiter Hauptsatz

Die Thermodynamik gipfelt in zwei Hauptsätzen. Den ersten formulierte Helmholz (1821-1894) im Jahre 1847. Der Satz drückt aus, dass in einem abgeschlossenen System nur solche Prozesse vorkommen, bei denen die Gesamtenergie des Systems konstant bleibt. Dabei lassen sich alle Energien, also auch die Energie, die im Zusammenbau *lebender Organismen* steckt, in Wärmeenergie oder mechanischer Energie ausdrücken. Auf Energieumwandlungen in lebenden Organismen wird im zweiten Buch eingegangen (Kapitel 3.3/6).

Der **erste Hauptsatz** der Thermodynamik stimmt mit dem **Energieerhaltungssatz** überein. Die universelle Bedeutung der Energie kommt nicht nur durch die Kinetische Wärmetheorie zum Tragen, sondern auch durch die Tatsache, dass sich jede Energieform, wie etwa die elektrische, die magnetische oder die aus dem Aufbau lebender Organismen, in Einheiten von Wärme oder mechanischer Energie ausdrücken lassen. Die jahrhundertlange Suche nach einem physikalischen Ausdruck, der innerhalb der Fülle veränderlicher Größen und Transformationen allen Naturprozessen die Eigenschaft der Permanenz oder Konstanz zuerkennt, war dadurch erfolgreich beendet. Helmholz warnte bezüglich der Darlegung des Energiesatzes davor, organische Prozesse mittels des Begriffs der vitalen Energie zu erklären. In der Tat hat die moderne Biologie auf die Hypothesen des *Vitalismus* bis heute verzichten und sich nur auf physikalisch-chemische Konzepte stützen können (2,S.477ff). Auch sei an dieser Stelle erwähnt, dass das „**Feuer**" in der Lehre des Heraklit dem **Energiebegriff** nahe kommt (17,S.44). Das Feuer als „bewegende Kraft" ist mit dem Energiebegriff zwar nicht identisch, jedoch gewissermaßen vergleichbar.

Der **zweite Hauptsatz** der Thermodynamik (für abgeschlossene thermodynamische Systeme) ist an den ersten gekoppelt. Er besagt z.B., dass sich heißes Wasser unter Erwärmung seiner Umgebung von selbst abkühlt; aber Wasser unter Abkühlung seiner Umgebung nicht von selbst heiß wird. Oder genauer: Energieumwandlungen laufen in einem abgeschlossenen System in einer bestimmten Richtung ab, wobei Energie höherer Ordnung oder Konzentration in Energie niedriger Ordnung oder Konzentration übergeht. Die Gesamtenergie des Systems bleibt konstant.

Die endgültige Klärung und Formulierung des zweiten Hauptsatzes erfolgte über drei Schritte, hauptsächlich durch Arbeiten von Carnot (1796-1832), Clausius (1822-1888), Maxwell, Gibbs (1839-1903) und Boltzmann (1844-1906). Im ersten Schritt wurden sämtliche, im abgeschlossenen System erkennbaren Prozesse in zwei Gruppen eingeteilt, nämlich in **reversible und irreversible Prozesse**. Reversible Prozesse lassen sich im Gegensatz zu irreversiblen ohne Einwirkung von außen so rückgängig machen, dass der Anfangszustand des Systems in allen Einzelheiten wieder hergestellt wird. Die Erfahrung zeigt, dass solche Prozesse in der Natur nicht rein vorkommen, dass alle natürlichen Vorgänge irreversibel sind. Irreversible Prozesse aber können durch äußere Einwirkung auf das System rückgängig gemacht werden; die Umgebung oder das Hilfssystem verrichtet dabei Arbeit, gibt an das System Energie ab. Bei diesem Vorgang erfährt die Umgebung oder das Hilfssystem eine Zustandsänderung.

Im zweiten Schritt ist der **Begriff der Entropie** eingeführt worden, eine Größe, die mathematisch definiert und zur Beschreibung der **Ablaufrichtung eines Prozesses** geeignet ist. Der absolute Wert der Entropie eines Systems hat keine unmittelbare physikalische Bedeutung - nur die Entropieänderung beim Übergang von einem zu einem anderen Zustand des betreffenden Systems. Da nun alle Naturvorgänge irreversibel sind, oder genauer: von selbst nur so ablaufen, dass die Wahrscheinlichkeit des neuen Zustands größer oder gleich, nie aber kleiner als die des Ausgangszustands ist, kann die Entropie des Systems ohne äußere Einwirkung nur zunehmen oder gleich bleiben, nie aber abnehmen. Der Begriff der Entropie ermöglicht demnach eine Beschreibung von **Vergangenheit und Zukunft (Geschichte)** natürlicher Systeme. Wenn das gesamte Universum als endlich abgeschlossenes System (Anfang und Ende) aufgefasst würde, dann ließe sich folgender Satz aussprechen: „Die Entropie im gesamten Weltgeschehen wächst beständig; sie strebt einem Höchstwert zu.“ (5,S. 302). Die Auffassung aber, dass das **Universum einen Anfang** hat (**Urknall-Theorie**) und einem Ende zustrebt, wird von Physikern auch bestritten. Mehr darüber weiter unten (8.4.2/9.2).

Der dritte Schritt hat die Formulierung des zweiten Hauptsatzes geklärt und gefestigt. **Entropie und Wahrscheinlichkeit** sind so verquickt worden, dass die größere Entropie eines Systems, d.h. die größere Unordnung seiner Teile oder Komponenten, eine höhere Wahrscheinlichkeit seines Zustands angibt. „Man kann demnach den Unterschied zwischen dem früheren und dem späteren Zustand eines Systems auf die **Unterschiede des Maßes seiner Ordnung** zurückführen, wobei der Zustand höherer Unordnung (höherer Wahrscheinlichkeit) einem späteren Zeitpunkt zuzuordnen ist“ (2,S.479). Die Irreversibilität beruht also nicht auf einer metaphysisch verborgenen Nicht-Umkehrbarkeit der Bewegungsgesetze, sondern darauf, dass ein aus vielen Teilen oder Komponenten bestehendes System von einem unwahrscheinlicheren, sprich: geordneten Anfangszustand, zu einem wahrscheinlicheren, weniger geordneten Zustand übergegangen ist. Ohne äußere Eingriffe schreitet dieser Prozess so lange fort, bis der Zustand **maximaler Unordnung** - das **thermodynamische Gleichgewicht** - erreicht ist. Unordnung kann in diesem Sinn gemessen werden durch die Anzahl der Realisierungsmöglichkeiten eines bestimmten Zustands. Je mehr Realisierungsmöglichkeiten, desto größer die Unordnung, desto größer die Zustandswahrscheinlichkeit. Ordnung bedeutet, dass die Anzahl der Realisierungsmöglichkeiten relativ klein ist gegenüber der Gesamtheit aller möglichen Zustände im System. Ein geordnetes System befindet sich nicht in seinem wahrscheinlichsten Zustand, dem Zustand des thermodynamischen Gleichgewichts.

Der Wahrscheinlichkeitscharakter des zweiten Hauptsatzes steht im Gegensatz zum Kausalcharakter des Energiesatzes. „Diese Unterscheidung hat jedoch in der heutigen Physik, nach der alle Naturprozesse auf primären Wahrscheinlichkeitsgesetzen basiert sind, ihre Gültigkeit verloren“ (2,S.479).

8. 4. 2. Idealistische - materialistische Betrachtung

Der zweite Hauptsatz der Thermodynamik sagt unter anderem, dass die **Summe der Entropie** eines abgeschlossenen endlichen Systems **immer zunimmt** oder jedenfalls nicht abnimmt. Abgeschlossene Systeme aber, also solche, die mit der Umgebung keine Wechselwirkung eingehen, kommen streng genommen in der Natur nicht vor, höchstens in guter Näherung oder bei Annahme einer endlich ausgedehnten Welt. Von daher ist auf idealistischer Seite das Universum als abgeschlossen und endlich angenommen worden. So hat beispielsweise Clausius, von dem nicht nur die Formulierung des Entropiesatzes, sondern auch die Bezeichnungen „erster“ und „zweiter Hauptsatz“ herrühren, deren Bedeutung in folgenden Sätzen ausgesprochen: „Die Energie des Weltalls ist konstant; die Entropie des Weltalls strebt einem Maximum zu.“

Obwohl auf Seiten der Physik betont worden ist, dass es keineswegs sicher ist, ob der zweite Hauptsatz in gegebener Form auf das Weltall insgesamt anwendbar ist, haben Clausius’ Sätze zu unzulässigen Schlüssen geführt. Man hat auf idealistischer Seite darauf hingewiesen, dass das Weltall einem bestimmten Endzustand zustrebt, der dadurch gekennzeichnet ist, dass jede Differenzierung verschwunden und ein vollständiger Temperaturausgleich zwischen allen Teilen eingetreten ist. Unter dieser Voraussetzung könnten sich keine Ereignisse mehr vollziehen und es gäbe keine Veränderung mehr. Man hat diesen Zustand als den **Wärmetod der Welt** bezeichnet und daran pessimistische Gedanken über den Weltuntergang geknüpft, die aber weit über das Gebiet der Physik hinausgehen (5,S.302).

Zwischen dem Begriff der **Weltanschauung** und dem des **Weltbildes** ist zu unterscheiden. Während Weltanschauung die subjektive Aneignung, die Sinngebung individuellen Daseins meint, ist es der Naturwissenschaft zugefallen, das Weltbild, d.h. die umfassende Theorie der objektiven Realität, zu erstellen. Damit der Begriff der Weltanschauung nicht nur das „Metaphysische" oder eine von der Wissenschaft getrennte Sphäre kennzeichnet, sollte zumindest das Weltbild der Naturwissenschaft darin enthalten sein. So gesehen hängt der Charakter einer Weltanschauung vom allgemeinen Stand der Wissenschaft ab, ist nicht zufällig, nicht von subjektiv-willkürlicher Art. Weltanschauung und Weltbild sind zwar dann nicht identisch. Jedoch ist das eine dem anderen zugeordnet.

Im Bereich des Begriffs „Weltbild" dominiert noch das Gegenständliche. Jedoch haben sich die Elemente des Gegenständlichen, die Elementarteilchen, als unanschauliche Strukturen erwiesen. Nach Erkenntnissen der theoretischen Physik ist auch die Existenz von unendlichen Räumen innerhalb von endlichen möglich usw., so dass von einer Entwicklung des Anschauungsvermögens und des **Begriffs der Anschauung** gesprochen wird (vgl.6.2. Hegels dialektische Methode). Für die Schaffung eines einheitlichen Weltmodells ist das bedeutungsvoll, also auch für die Lösung des **Problems der Endlichkeit und Unendlichkeit**.

Offenbar muss die Frage nach der Struktur der Welt, ja des Weltalls insgesamt, anders gestellt werden, „dass z.B. räumliche Unendlichkeit nicht eine unendliche Anzahl von Kubikmetern bedeutet ..." (1,S.1287). Ernstzunehmende Theorien besagen, dass das Universum **mehr als vier Dimensionen** hat (drei Raum- und eine Zeitkoordinate). Vielleicht kommt es in einigen Jahren zum lang erhofften Durchbruch - mit einem ganz neuen Weltbild. Später dazu mehr (10.2).

Trotz solcher oder ähnlicher Erwartungen sind die beiden Grundrichtungen der Philosophie noch nicht zusammengeflossen, hauptsächlich wegen Annahme bzw. Leugnung einer Schöpfung oder ähnlichem (vgl.2.6). Im Folgenden werden die Aussagen der idealistischen und materialistischen Philosophie bezüglich des Problems der Endlichkeit und Unendlichkeit dargestellt, verkürzt und vereinfacht jedoch.

Idealistische Philosophien gehen in Fragen über Beginn, Alter und Entwicklung der Welt davon aus, dass das Universum ein in Raum und Zeit **endlich** abgeschlossenes System ist (**Urknall-Theorie**?). Der Ablauf des Weltgeschehens setzt voraus, dass physikalische und chemo-biologische Systeme durch eine Art Schöpfung entstanden sind. Das Universum strebt einen Zustand an, der dadurch gekennzeichnet ist, dass jede Differenzierung in „Unordnung" geraten und ein vollständiger Temperaturausgleich zwischen den Teilen eingetreten ist. In der Behauptung vom Temperaturausgleich oder Wärmetod des Weltalls ist die These inbegriffen, dass sich alle im Universum vorhandenen Energieformen in Richtung mechanischer Form (Wärmeenergie) umwandeln.

Wenn eine Art Schöpfung abgelehnt wird, dann müsste gefragt werden, wie sich aus der „Unordnung" des Universums ein Zustand höherer Ordnung gebildet haben könnte. Die **dialektisch-materialistische Philosophie**, die der Materie bzw. den Elementarteilchen leben- und geistaufbauendes Potential zuordnet, antwortet darauf mit ihrem Entwicklungsbegriff, der sich an den **drei Grundgesetzen der Dialektik** orientiert (vgl. 7.5 unten). Als System von Entwicklungsprozessen wird das Universum aufgefasst, ohne den Begriff der Entwicklung auf das Universum insgesamt anzuwenden.

Aufgrund empirischer Befunde und mathematischer Überlegungen lässt sich fragen, ob im Universum Regionen existieren, in denen die Entropie abnimmt, die **Zeit** also **rückwärts** läuft! Die mathematische Bedeutung rein mechanischer Erscheinungen würde sich in solchen Regionen übrigens nicht ändern, da die positive und die negative Zeitrichtung, nämlich **Zukunft und Vergangenheit**, vertauschbar wären (neuere Messungen an zusammenstoßenden Protonen und Antiprotonen lassen den Schluss zu, dass die Zeit nicht umkehrbar ist). Dieses Bild einer im Evolutionsprozess begriffenen Welt, die vielleicht dem zweiten Hauptsatz der Thermodynamik nicht folgt, steht im Widerspruch zur idealistischen Behauptung von der Erschaffung einer endlichen Welt. Die Wärmetodtheorie setzt ein endlich ausgedehntes Universum voraus. In einem unendlich ausgedehnten würde der Ausgleichungsprozess unendlich lange dauern.

Der **philosophische Materialismus** geht von einem **unendlich** ausgedehnten Universum in Raum und Zeit aus. Von der einfachsten bis zur kompliziertesten Struktur betrachtet er die natürlichen Entwicklungsprozesse als dialektische Einheit von „aufsteigenden" und „absteigenden" Linien, von reversiblen und irreversiblen Prozessen. Die Tendenz zur Höher- oder Tieferentwicklung ist nur für endliche Systeme und Bereiche im Weltall möglich, nicht für die unendliche Welt im Ganzen. Nach ihm gibt es keine Entwicklung des Weltalls, sondern nur eine Entwicklung im Weltall (1,S.338). Auf die Welt insgesamt wird der zweite Hauptsatz der Thermodynamik, in Übereinstimmung mit der Physik, nicht übertragen, nur auf abgeschlossene endliche Systeme (1,S.1283). Zumindest einen **Anfang der Entwicklung** aber versucht auch die Physik zu konstruieren

(**Urknall-Theorie**), wobei vermutlich ein göttlicher Schöpfungsakt vorausgesetzt ist.

In der Urknall-Theorie ist Platz für einen Schöpfer, in der **Steady-State-Theorie**, die auch S. Hawking vertritt, vermutlich nicht. Ein Universum nach dieser Theorie benötigt keine Ursache: Es währt in Raum und Zeit unendlich, währt von Ewigkeit zu Ewigkeit und zieht seine Kraft aus sich selbst. Irgendwann waren Materie und Grundenergie vorhanden und auch erforderlich. Kämen richtige Gesetze hinzu, würden der Urknall und eine Phase der kosmischen „Inflation" eintreten, d.h. eine Abnahme der Materiedichte, die durch neue Materie und Galaxien ausgeglichen würde usw. Die Frage wäre nur: Ist ein Gott dafür zuständig? Ist ein Gott für unsere Welt zuständig - oder wir Menschen? Antworten könnten gegeben werden, blieben aber ungewiss. Die **Existenz Gottes** beweisen oder widerlegen zu wollen, wäre vermessen. **Glaubensgewissheit** aber ermutigt und ist erlaubt.

9. Beginn einer erkenntnistheoretischen Revision

Der zweite Hauptsatz der Thermodynamik war nur der Vorbote einer Zeit, die mit der „**Speziellen Relativitätstheorie**“ begann und zur Grundlagenforschung zurückführte. Die Grenzen der Analytischen Mechanik waren durch die Elektrodynamik offenbar geworden. Prinzipiell ließen sich die Eigenschaften des elektro-magnetischen Feldes mit Hilfe der Mechanik nicht erklären. Zurück führte dies zum „**klassischen Relativitätsprinzip**“, wonach z.B. durch mechanische Versuche im Innern eines geschlossenen Kastens nicht festgestellt werden kann, ob der Kasten ruht oder sich gleichförmig-geradlinig bewegt. Messen lassen sich Bewegungen nur **relativ zu Bezugssystemen**. Alle zueinander geradlinig und gleichförmig bewegte Systeme sind mechanisch gleichwertig. Die mechanischen Grundgesetze sind in allen gleich.

Im 19. Jahrhundert wurde die Fragestellung dahin erweitert, ob der Bewegungszustand eines Körpers durch optische oder elektrodynamische Versuche festgestellt werden kann und wie sich die **Ausbreitung des Lichts** relativ zu bewegten Körpern verhält. Solange man glaubte, dass das Licht eine Wellenbewegung in einem feinen Medium, dem Äther, sei, musste man erwarten, dass sich z.B. die Bewegung der Erde - relativ zum Äther - durch Messung der Lichtgeschwindigkeit ermitteln lässt (an verschiedenen Punkten auf der Erdumlaufbahn). Die entsprechenden Versuche wurden insbesondere von Fizeau (1819-1896) im Jahre 1851 und Michelson (1852-1931) im Jahre 1881 durchgeführt. Sie bewiesen das Gegenteil: Das Licht, das z.B. von einem Stern zur Erde kommt, hat relativ zur sich bewegenden Erde stets die gleiche Geschwindigkeit, unabhängig davon, ob die Erde dem Licht entgegen- oder nicht entgegenläuft! Diese paradoxe Erfahrung machte A.Einstein (1879-1955) zum „**Prinzip der Konstanz der Lichtgeschwindigkeit**“ und errichtete darauf eine neue Theorie von Raum und Zeit: die Spezielle Relativitätstheorie.

9. 1. Spezielle Relativitätstheorie

Schon frühzeitig konnte festgestellt werden, dass zur Beschreibung physikalischer Beobachtungen stets ein Bezugssystem erforderlich ist, etwa die Wände des Labors, Bergspitzen oder der Fixsternhimmel. Ein absolutes Bezugssystem ist aber nicht vorhanden. Deshalb müssen die Naturgesetze möglichst so formuliert werden, dass sie objektiv, für alle denkbaren Bezugssysteme gültig sind (6,S.733). Hat man erst einmal ein System, in dem die Gesetze der Newton'schen Mechanik gültig sind (Inertialsystem), dann sind sie auch gültig in dazu gleichförmig bewegten Bezugssystemen. Dies ist das **Relativitätsprinzip der klassischen Mechanik**, das in der Speziellen Relativitätstheorie dadurch erweitert ist, dass alle zu einem Inertialsystem gleichförmig bewegten Beobachter die **gleiche Lichtgeschwindigkeit** messen, egal ob ein Beobachter der Lichtquelle entflieht oder ein anderer auf sie zueilt.

Einstein hat durch mathematische Analysen festgestellt, dass die „Konstanz der Lichtgeschwindigkeit" nur möglich ist, wenn die **Zeit variiert**, wenn „Uhren" in verschieden bewegten Bezugssystemen asynchron laufen und zwei Ereignisse an verschiedenen Orten, die für das eine Bezugssystem gleichzeitig sind, in bezug auf Uhren anderer Bezugssysteme zu verschiedenen Zeiten stattfinden (Relativität der Gleichzeitigkeit). Beobachtet wurde eine **Verlangsamung der Zeit** an Atomuhren, allerdings nur bei hohen Geschwindigkeiten (etwa zehn Prozent Zeitverlust bei vierzig Prozent der Lichtgeschwindigkeit). Für den Physiker sind Atome „Uhren", weil innere Atomschwingungen, die am Licht der Spektrallinien erkennbar sind, als Zeitmarken gelten.

In der Speziellen Relativitätstheorie werden die mechanischen und elektro-magnetischen Prozesse, die in geradlinig und zueinander gleichförmig bewegten Systemen ablaufen, als gleichartig aufgefasst. Die **Lichtgeschwindigkeit** geht unabhängig vom Bewegungszustand der Lichtquelle und der des Beobachters in **mechanische und elektro-magnetische Vorgänge** ein.

Die oberste Grenze für alle physikalisch sinnvollen Signale ist durch die Lichtgeschwindigkeit gegeben. „Eine unendlich große Signalgeschwindigkeit würde Einsteins Universum auf die klassische Newton'sche Welt reduzieren, in der insbesondere die Absolutheit der Zeit in der absoluten, für alle Beobachter geltenden Gleichzeitigkeit physikalischer Ereignisse zum Ausdruck kommt" (2,S.616). In der Speziellen Relativitätstheorie hingegen wird gezeigt, dass die bis dahin übliche Vorstellung von **absoluter Gleichzeitigkeit** unzulänglich ist.

Mathematisch-physikalisch übernimmt die Lichtgeschwindigkeit eine ähnliche Rolle wie der absolute Raum und die absolute Zeit in der Newton'schen Mechanik. **Räumliche und zeitliche Abstände** aber haben in der Speziellen Relativitätstheorie **keine absolute Bedeutung** mehr, hängen vom Bewegungszustand des Beobachters ab. Ein bewegter Beobachter misst gegenüber einem ruhenden nicht nur kürzere Zeitabstände zwischen Ereignissen. Auch erscheinen die Längen von Gegenständen beiden Beobachtern verschieden. Wie ist das möglich?

Der Begriff „**Länge eines bewegten Stabs**“ bedeutet offenbar, die Lage seiner Endpunkte gleichzeitig zu messen. Gleichzeitigkeit aber beurteilt der bewegte Beobachter anders als jener, der den Stab als ruhend wahrnimmt (6,S.735). Der bewegte Stab erscheint infolgedessen verkürzt (Längenkontraktion). Nach der Theorie kann aber jeder ausrechnen, wie lang eine, für ihn bewegte Strecke in Ruhe wäre (**Ruhelänge**).

Nach der Speziellen Relativitätstheorie können Körper die Lichtgeschwindigkeit nicht erreichen, da die **Widerstände gegen die Beschleunigung** - ihre **Massen** - bei Lichtgeschwindigkeit unendlich groß wären. Die Masse eines bewegten Körpers ist in der Newton'schen Physik eine Konstante. In der Speziellen Relativitätstheorie ist nur die Masse eines relativ zum Beobachter ruhenden Körpers, dessen **Ruhemasse**, eine Konstante. Der Betrag dieser Ruhemasse multipliziert mit dem Quadrat der Lichtgeschwindigkeit ergibt die Energie eines im leeren Raum ruhenden Körpers, der nach klassischer Vorstellung weder kinetische noch potentielle Energie hat. Diese Erkenntnis ist von grundlegender Bedeutung für die Atomphysik geworden und hat den Weg zur Kernenergie gewiesen.

Die Spezielle Relativitätstheorie ist hinlänglich bewiesen und eine abgeschlossene Theorie. Ihre Ergebnisse sind von überragender Bedeutung. Durch sie sind die Gesetze der Mechanik und der Elektrodynamik zur **Synthese** gekommen - bei **Ausklammerung der Gravitation**! Dabei ist die Erkenntnis gewachsen, dass nicht die Masse als Erscheinungsform der Energie auftritt, sondern dass einer Stoffmenge (z.B. einer bestimmten Menge Uran mit der Masse m) ein der Formel gemäßer Energiebetrag entspricht (Proportionalität von Masse und Energie). Wird Stoff nämlich in Strahlung umgewandelt, dann bleibt die Masse erhalten (1,S.746): Strahlung hat Masse, was durch Beobachtung im Schwerefeld der Sonne bestätigt worden ist.

Seit der Speziellen Relativitätstheorie gilt die **Lichtgeschwindigkeit** als integraler **Bestandteil aller physikalischen Disziplinen**. Durch die neue Theorie, die die „**Einheit der Welt**“ nahe legt, wurde die Newton'sche Mechanik negiert und zugleich als Sonderfall bewahrt, nämlich für Geschwindigkeiten, die im Vergleich zur Lichtgeschwindigkeit niedrig sind. Die „Einheit der Welt“ verlangt nur „ein“ **Gesetz der Natur** (s. Punkt 1).

9. 2. Allgemeine Relativitätstheorie

In der Allgemeinen Relativitätstheorie ist das Relativitätsprinzip noch umfassender formuliert. Nach Einstein muss es auch gelten, wenn beschleunigte Bewegungen bzw. Gravitationsfelder mit im Spiel sind. So kann beispielsweise ein Beobachter, der in einem geschlossenen Kasten sitzt, durch physikalische Versuche nicht herausfinden, ob der Kasten im gravitationsfreien Raum gleichmäßig beschleunigt oder durch ein Gravitationsfeld gleichmäßig beschleunigt wird (frei darin fällt). Oder anders: Die Naturgesetze sollen sich im rasch bremsenden oder eine Kurve durchfahrenden Kasten genauso anwenden lassen wie in einer „ruhenden" Kontrollstation (6,S.736). Oder noch anders: Die Vorgänge in einem unbeschleunigten Bezugssystem im Gravitationsfeld müssen genauso gedeutet werden wie Vorgänge in einem beschleunigten gravitationsfreien Bezugssyssystem (2,S.617f). Diese Erkenntnis kommt in Einsteins **„allgemeinem Relativitätsprinzip"** zum Ausdruck: „Die Gesetze der Physik müssen so beschaffen sein, dass sie in Bezug auf **beliebig bewegte Bezugssysteme** gelten."

Einstein folgert, dass jeder Trägheitskraft eine Gravitationskraft äquivalent sein muss (Äquivalenzprinzip), dass die Newton'sche Zweiteilung von Trägheit und Kraft bezüglich der Gravitation nicht länger gültig sein kann. Folglich wird die Allgemeine Relativitätstheorie nicht zu einer Verallgemeinerung der Speziellen Relativitätstheorie, sondern zu einer **neuen Theorie der Gravitation**; „sie hebt den Begriff der Schwerkraft auf und erklärt ihre Effekte, z.B. die Planetenbewegungen um die Sonne, als Trägheitsbewegungen in einer raum-zeitlichen Welt von nichteuklidischer Metrik" (2,S.618).

In der Speziellen Relativitätstheorie wird das raum-zeitliche Intervall zwischen zwei Ereignissen als Hypotenuse eines rechtwinkligen Dreiecks dargestellt, dessen Katheten aus einem Raum- und einem Zeitelement bestehen. Das Quadrat über der Hypotenuse ist gleich der Summe der Quadrate über den beiden Katheten. Dieser einfache Satz - nach Pythagoras benannt - verliert Geltung in der Riemann'schen **„nicht-euklidischen Geometrie"**, die der Allgemeinen Relativitätstheorie zugrunde liegt. Die Winkelsumme eines Dreiecks weicht im „gekrümmten" Raum von hundertachtzig Grad ab.

Die nicht-euklidische Geometrie negiert und betrachtet die **euklidische Geometrie als Sonderfall** für hinreichend kleine nicht-kosmische Räume. Sie führt in der Allgemeinen Relativitätstheorie zu einer **Geometrisierung des Gravitationsfeldes** und stellt eine enge Abhängigkeit zwischen Raum, Zeit und Materie her, so dass „Geometrie und Materie sich gegenseitig bedingen" (17,S.47). Weil die nicht-euklidische Geometrie einer raum-zeitlichen Region hauptsächlich nach der Verteilung der Massen bestimmt wird, muss die Union von Raum und Zeit (Spezielle Relativitätstheorie) zu einer erweiterten von **Raum, Zeit** und **Materie** werden (Allgemeine Relativitätstheorie). Alle drei Größen bedingen sich gegenseitig, sind mit **Bewegung** verbunden.

Die Masse unserer Sonne z.B. verändert den umliegenden Raum in einer Weise, die man als „**Raumkrümmung**" bezeichnet. „In dieser" raumgekrümmten „Welt folgen Körper ausschließlich dem Gesetz der Trägheit, wobei sie sich auf geodätischen (kürzesten) Linien bewegen, den Verallgemeinerungen der Geraden in der euklidischen Geometrie" (2,S.46). Nur in genügend weitem Abstand von diesen Körpern wird die Metrik „eben" und dem raum-zeitlichen *Kontinuum* eignet eine euklidische Geometrie. Die Abweichung der euklidischen Metrik von der nicht-euklidischen ergibt nach der Allgemeinen Relativitätstheorie die Gravitationskräfte. Aus der Allgemeinen Relativitätstheorie können das Newton'sche Gravitationsgesetz und die Newton'schen Bewegungsgleichungen sowie deren relativistische Korrektur als Grenzfälle hergeleitet werden.

Fortschrittlich ist die Allgemeine Relativitätstheorie deshalb, weil **Trägheit und Gravitation zur Synthese** gekommen sind. Die Geometrisierung des physikalischen Begriffs „Gravitation" löste eine Flut philosophischer Diskussionen aus. Die traditionellen Ansichten über das Wesen der Geometrie wurden jedoch widerlegt. Es stellte sich heraus, „dass ... die Geometrie der physikalischen Welt nicht als a priori gegeben angenommen werden kann, sondern dass man sie empirisch zu bestimmen hat" (2,S.619). Das heißt, die **Geometrie** wurde der Mathematik genommen und der **Physik zugewiesen**. Somit entscheidet die Allgemeine Relativitätstheorie über Geometrie und Physik nicht in der Weise, dass die Physik geometrisiert wird, sondern umgekehrt, dass die Geometrie des realen Raumes von physikalischen Sachverhalten bestimmt wird (1,S.1045). Diese Erkenntnis verknüpft sich mit der Auffassung der **Pythagoräer**, nach der die geometrische Konfiguration, d.h. **Maß und Zahl**, als Wesen der Dinge (**primäres Prinzip**) zu gelten habe (vgl.2.2/2.3/**2.7**).

Die Allgemeine Relativitätstheorie, die nur teils bewiesen ist, brachte eine relativistische Kosmologie, die noch eher am Anfang steht. Die Auffassung, dass Raum und Materie sich gegenseitig bedingen, ist viel befriedigender als die Newton'sche Vorstellung vom Raum als eines passiven Behälters für die Materie. Gleiches gilt für die Verkopplung von Zeit und Materie in Abhängigkeit vom Bewegungszustand der Materie. Ersetzt wurde dadurch der philosophisch fragwürdige Begriff der Zeit, die gleichmäßig und von selbst dahinfließt (2,S.47).

Die im Jahre 1912 entdeckte Rotverschiebung in den Spektren von Galaxien, die sogenannte Spiralnebelflucht, führte zur Auffassung, dass das **Universum expandiert**, was der Relativitätstheorie nicht zuwiderläuft. Aus den Einstein'schen Gleichungen lassen sich nicht nur statische, sondern auch nicht-statische Modelle herleiten, von denen zwei Lösungen berührt seien. Die eine stellt ein pulsierendes Universum dar, das bis zum Maximum expandiert und dann schrumpft. Die andere Lösung entspricht dem hyperbolisch gekrümmten Raum (vgl. Sattelfläche), der sich als Universum unendlich ausdehnt. Mehr mit Blick auf die erste Lösung sei hier die **Evolutionstheorie** erwähnt, nach der das Universum auf einen kleinen Raum zusammengedrängt war, bis durch eine Urexplosion (**Urknall**) die Expansion der Welt begann.

Säulen der Urknall-Theorie (s.8.4.2) sind die Fluchtgeschwindigkeiten der Galaxien als Folge der **Raumexpansion**, die kosmische Hintergrundstrahlung als „Echo" des Urknalls und die messbare Verteilung der leichten Elemente (Wasserstoff, Deuterium, Helium, Lithium), die beim Urknall wohl entstanden sind.

Das sogenannte **Standardmodell**, das die Entwicklung des Weltalls nach dem Urknall beschreibt, wirft einige Schwierigkeiten auf. Dreh- und Angelpunkt ist die sogenannte **Hubble-Konstante**, das Verhältnis Fluchtgeschwindigkeit einer Galaxie und deren Abstand zum Ort des Beobachters. Ihren Wert versuchen die Astronomen so genau wie möglich zu bestimmen, um auf das Weltalter schließen zu können. Je größer die Hubble-Konstante, desto jünger das Universum und umgekehrt. Aus Messungen ergibt sich ein Universum, das jünger als das Alter bestimmter Sterne ist. Doch neuere Messungen an fernen Supernovae (massenreiche Sterne, die am Ende ihres Lebens in gewaltigen Explosionen verpuffen) beheben den Widerspruch, und zwar unter der Annahme, dass sich der Kosmos beschleunigt ausdehnt. Der Beschleunigungsparameter (**Kosmologische Konstante**), der von Einstein eingeführt, jedoch später als „Eselei" verworfen wurde, ist unter dieser Voraussetzung größer als Null. Man hat ihn auch auf Null gesetzt, also negiert, weil er die Weltmodelle verkompliziert. Das Alter des Kosmos' ist auf fünfzehn bis sechzehn Milliarden Jahre festgelegt worden.

Nach dem Standardmodell hält die Gravitation den Kosmos zusammen. Ob die existierende Materiemenge ausreicht, die Ausdehnung nach dem „Urknall" zum Stillstand zu bringen, ist bisher nicht entschieden. Addieren die Astronomen die Materie im Kosmos, die sich durch Lichtaussendung verrät, dann ergeben sich derzeit etwa zehn Prozent der Masse, die erforderlich wäre, um die Expansion des Universums umzukehren. Das aber heißt, dass sich das Weltall, was die meisten Astronomen glauben, bis in alle Ewigkeit ausdehnt.

Die Flucht der Galaxien beruht nicht auf einer Kraft, welche die stellaren Systeme antreibt. Eher ist sie ein Zeichen dafür, dass sich das Universum, der Raum an sich, ausdehnt. Ähnlich **Rosinen**, die sich im **aufquellenden Hefeteig** voneinander entfernen, also selbst nicht bewegen, ergeht es den Galaxien im expandierenden Raum. **Wie ist die Natur des Raums**?

Nach derzeit bekannter Materieverteilung könnte der Raum als **hyperbolisch gekrümmt** (unendlich) aufgefasst werden. Kein Wunder also, dass viele Astronomen, um die Endlichkeit des Raumes zu beweisen, nach der noch fehlenden, der „dunklen" Materie suchen, die sich hauptsächlich durch Gravitation bemerkbar machen müsste. Aus der Masse der leuchtenden und dunklen Materie zusammen könnte die **Dichte des Weltalls** bestimmt werden.

Einen größeren Beitrag zur dunklen Materie erhofft man sich vom **Neutrino**, einem Elementarteilchen, das entdeckt und vorhergesagt wurde, weil beim radioaktiven Zerfall von Atomkernen sonst Energie fehlen würde. Die elektrisch neutralen Neutrinos, die wohl in drei Sorten auftreten und nach ihrem elektrisch geladenen Partner jeweils benannt werden, sind fast immer unsichtbar. Sie entstehen auch bei Kernreaktionen und treffen - von der Sonne kommend - milliardenfach auf der Erde auf. Man vermutet, dass die Neutrinos eine nicht unerhebliche Rolle im Universum spielen. Angenommen wird, dass sie einen Anteil an der **Masse des Kosmos'** von zehn bis zwanzig Prozent haben könnten, also relativ viel, vielleicht aber auch nur ein Prozent, also relativ wenig. Damit ist weiterhin offen, ob Neutrinos einen wirklich entscheidenden Beitrag zur Dichte des Weltalls liefern.

Wenn die mittlere Dichte unter einem kritischen Wert läge (wie nach heutigem Erkenntnisstand), dann würde das Weltall ewig weiter expandieren; wenn die mittlere Dichte darüber läge, dann würde die Ausdehnung irgendwann zum Stillstand kommen und sich in eine Implosion umkehren (das Schicksal des Universums hängt aber auch davon ab, wie der Stoff unter den Komponenten des Universums verteilt ist). Trotz der „fehlenden“ Materie und anderer Unsicherheiten halten die meisten Kosmologen am **Urknall-Modell** (idealistischer Ansatz) und der Allgemeinen Relativitätstheorie weiter fest.

Eine der wichtigsten aktuellen Aufgaben besteht darin, die Theorien über das elektro-magnetische Feld und das Gravitationsfeld zu vereinen. Die Deutung der Gravitation führte zur Auffassung, elektro-magnetische Erscheinungen, wie z.B. Licht, als zusätzliche strukturale Eigenheiten metrischer Felder interpretieren zu müssen. Dieser Versuch einer **einheitlichen Feldtheorie**, in der Licht und Gravitation zu einer weiteren *Synthese* kommen, scheiterte, weil der **Begriff eines metrischen Kontinuums** zwangsweise mit der Kontinuität realer Vorgänge gekoppelt ist: mit dem **Determinismus** (2,S.49). Später dazu mehr (10.2).

10. Neues einheitliches Weltbild

Weil am Ende des 19. Jahrhunderts *diskontinuierliche* Zeichen in physikalischen Versuchen gehäuft auftraten, wurden sie zu „Tatsachen“ erklärt. Nach damaliger Vorstellung waren die Atome kleinste unteilbare Einheiten. Mit der Entdeckung des Elektrons im Jahre 1897 durch Thomson (1856-1940) wuchs die Ahnung, dass auch die elektrische Ladung in unteilbaren Einheiten existieren könnte. In diesem Umfeld wurde im Jahre 1900 von M.Planck (1858-1947) die Quantenhypothese ausgesprochen: Nur durch Annahme diskreter Quanten konnte die Energieverteilung im Spektrum eines schwarzen Körpers (alle Strahlung wird absorbiert) widerspruchsfrei gedeutet werden. Die aufgestellte Strahlungsformel weist auf die Vorstellung, dass die Atome Energie nicht in beliebigen Beträgen, sondern nur in bestimmten Quanten, die den Frequenzen der Atome proportional sind, aussenden bzw. aufnehmen. Das heißt, die Größe des Quants ist gegeben durch dessen Frequenz multipliziert mit einem unveränderlichen Proportionalitätsfaktor: **dem Planck'schen Wirkungsquantum** (Dimension: Energie mal Zeit = Wirkung). Neben der Lichtgeschwindigkeit ist das Planck'sche Wirkungsquantum die **zweite universelle Naturkonstante**, auf der die Quantentheorie aufbaut.

Mehr als die Relativitätstheorie trug die **Quantentheorie** zum Umsturz des klassischen Weltbilds bei. Mit ihr ist die **fünfte große Synthese** gelungen: Physik und Chemie sind mit ihr vereint. Das Verhältnis zwischen Gravitation und elektro-magnetischem Feld aber ist ungeklärt, ist weiterhin rätselhaft.

Rechenschaft gibt die Quantentheorie über wichtige Geschehnisse in den Atomkernen, über alle Vorgänge und Zustandsmöglichkeiten in den Atomhüllen, den Molekülen (Gasen, Flüssigkeiten, Festkörpern), den chemischen Bindungen usw. „Sie erlaubt eine Theorie der kosmischen wie der irdischen Formen der Materie. In der Erkenntnis der gegenseitigen Einschränkung eines anschaulichen Partikelbildes und eines anschaulichen Feldbildes für Materie und Elektromagnetismus (Licht) fasst sie alle Entwicklungslinien somit zusammen“ (3,S.16).

Das sogenannte **Standardmodell** ist das derzeit gültige Weltbild der Teilchenphysiker. Vier **Grundkräfte** halten die Welt zusammen: die **Gravitation**, die etwa die Planeten auf ihren Bahnen um die Sonne hält; die **elektro-magnetische Kraft**, die die Elektronen um den Atomkern kreisen lässt; die **schwache Kraft**, die gewisse Atomkerne zerfallen lässt (Radioaktivität); und die **starke Kraft**, die als Anziehung zwischen den Quarks die Atomkerne zusammenhält. Schon vor geraumer Zeit gelang es, die schwache und die elektro-magnetische Wechselwirkung zu einer „elektroschwachen" Wechselwirkung zu vereinen.

Im **Standardmodell** gelten die Quarks als Bausteine der Atomkerne. Aus je drei aneinandergebundenen Quarks bestehen die Protonen und Neutronen, der Stoff, aus dem die Atomkerne weiter aufgebaut sind. Insgesamt existieren **sechs verschiedene Quarks**, deren Zusammenhalt durch die sogenannten **Gluonen** gewährleistet wird, eine Art Bindemittel. Außerdem gibt es **sechs** sogenannte **Leptonen**. Zu ihnen gehört auch das Elektron. Die Materie setzt sich aus diesen elementaren Objekten zusammen, den vielleicht letzten Bausteinen unserer Welt. Doch die Geschichte der Physik ist damit nicht beendet: Die „Hochenergiephysik" lässt auf eine Theorie der Materie im Ganzen hoffen. Weiter unten dazu mehr (10.2).

10. 1. Quantentheorie

Nach dem Ausspruch der Quantenhypothese wurde die Experimentaltechnik rapide weiterentwickelt. Dies brachte wichtige „Entdeckungen, die sowohl die atomare Struktur von Energie und Materie als auch den Äquivalenzsatz von Materie (Stoffmenge) und Energie (Energiebetrag) bestätigten (vgl.9.1). Der diskontinuierliche Charakter allen Mikrogeschehens bekundete sich in den Wechselwirkungen von Energiequanten und materiellen Partikeln aller Art sowie in der Tatsache, dass die Energiezustände komplexer Strukturen, wie die von Atomen und Molekülen, eine Serie diskreter Werte bilden, die sich sprunghaft beim Übergang von einem Zustand zu einem anderen ändern" (2,S.49).

Die Quantenhypothese hat auch Einsteins Denken beeinflusst (Photon als Ergänzung der Wellenhypothese). „Einstein ... wies auf den Mangel an Symmetrie hin, der sich darin äußert, dass in der Gastheorie die gasförmige Materie sowohl als eine kontinuierliche Gegebenheit behandelt wird als auch verschiedene ihrer Eigenschaften mittels des Partikelbegriffs erklärt werden, während die Theorie des Elektromagnetismus die Lichtstrahlung ausschließlich mittels räumlich kontinuierlicher Funktionen beschreibt, indem sie das **Wellenmodell** zur Erklärung optischer Erscheinungen heranzieht. In gewissen Fällen genüge aber dies Modell nicht, um die beobachteten Phänomene in befriedigender Weise zu erklären, und müsse durch das **korpuskulare Bild** einer Summe diskreter Lichtquanta ersetzt werden, die mit Elektronen, Atomen und anderen Materieteilchen in Wechselwirkung stehen“ (2,S.621). Zum ersten Mal wurde hier anerkannt, dass zwei gegensätzliche, jedoch komplementäre Modelle - **Welle und Partikel** - zur vollständigen Beschreibung mikrophysikalischer Erscheinungen notwendig sind.

Quantenspezifische Vorstellungen wandte N.Bohr (1885-1962) ab 1913 auf Fragen des Atombaus an. Rutherford (1871-1937) - einer der Väter der Atomphysik - untersuchte die Transformation radioaktiver Elemente, was zur Theorie des radioaktiven Zerfalls führte. Die Radioaktivität war bereits Ende des 19. Jahrhunderts von M.Curie (1867-1934), P.Curie (1859-1906) und Becquerel (1852-1908) entdeckt worden. Rutherfords Beobachtungen von Alphateilchen an dünnen Metallblättchen lieferten den Schlüssel zum Verständnis der Atomstruktur, nämlich des kleinen Kerns, in dem die Atommasse fast vollständig konzentriert ist, und der Elektronenhülle, die die Kerndimensionen um mehrere Größenordnungen übertrifft (2,S.620). Auf dieser Grundlage konstruierte Bohr sein Atommodell, das Elemente der klassischen Physik mit quantenphysikalischen Vorstellungen verkoppelte.

Nach Bohr gilt das Atom als Abbild des Sonnensystems, als Paradigma der Newton'schen Mechanik, in welchem Maxwells Elektromagnetismus nur teilweise berücksichtigt ist. Nach Maxwell sendet ein kreisendes Elektron elektro-magnetische Strahlung aus. Folglich müsste seine Energie so lange abnehmen, bis es in den Atomkern stürzt. Das Bohr'sche Atommodell kann diesen Widerspruch, der mit der experimentellen Erfahrung kollidiert, nicht beseitigen, erklärt aber, mit der Maxwell'schen Theorie übereinstimmend, den Übergang des Elektrons von einer zur anderen Bahn durch Emission bzw. Absorption eines Lichtquants.

L.de Broglie (1892 geb.) beschrieb das Atom anders (1923). Die Quantenzustände fasste er als Eigenschwingungen auf, als stehende Materiewellen um den Atomkern (4,S.173). Diese Annahme war von der Situation ausgegangen, die durch Mangel an Symmetrie gekennzeichnet ist. Während nämlich Energiestrahlung den dualen Charakter von kontinuierlichen Wellen und diskreten Quanten aufweist, ist „bestimmte Materie“ als korpuskulare Erscheinung bekannt. De Broglie ordnete daher materiellen Partikeln wie Elektronen und Protonen denselben dualen Aspekt zu wie der Energiestrahlung, was das Einstein'sche Äquivalenzgesetz von Stoffmenge und Energiebetrag (vgl.9.1) nahe legt. Durch diese Zuordnung erhoffte sich de Broglie ein anschauliches Verständnis vom Wesen der Elementarteilchen; denn die an Teilchen beobachteten Erscheinungen der Interferenz und Beugung haben bewiesen, dass die **Teilchen auch Welleneigenschaften**, d.h. Frequenz und Amplitude, haben. Die Teilchenbeschreibung widersprach aber der Wellenbeschreibung, auch wenn de Broglies Berechnungen richtig wären.

Die Mängel am Bohr'schen Atommodell wurden durch Schrödingers Wellenmechanik, die Dirac ergänzte, weitgehend aufgehoben. E.Schrödinger (1887-1961) führte im Jahre 1926 die Materiewelle in de Broglies Theorie auf eine Feldgleichung zurück. Zur Beschreibung des Wasserstoffatoms gelang es ihm, einen Algorithmus anzuwenden, der in einer anderen Disziplin der theoretischen Physik benutzt worden war. Der **bedeutendste Teil** seiner Wellengleichung liegt in der **mathematischen Methode**, die frühere Mängel beseitigte und den adäquatesten und bequemsten Algorithmus zur Lösung anderer Quantenerscheinungen lieferte. „Man kann ohne Übertreibung sagen, dass Schrödingers und Diracs Gleichungen, deren letztere auch der Relativitätstheorie Genüge leistet, immer noch, nach" mehr als „fünfzig Jahren, die letzte große Errungenschaft der theoretischen Physik sind ..." (2,S.623). Spätere Ergebnisse haben immer noch mehr provisorischen Charakter.

Schrödingers Wellengleichung ist nur eine Lösung des genannten Problems. Eine andere, allerdings umständliche Lösung, lieferte hauptsächlich W.Heisenberg (1901-1976). In ihr geht die mathematische Behandlung vom *Partikelbegriff* aus, bei Schrödinger vom *Kontinuumsbegriff*. Beide Wege unterscheiden sich prinzipiell von den klassischen Theorien, sind aber untereinander äquivalent! Das heißt, beide Darstellungen stimmen überein, unterscheiden sich nur in der mathematischen Behandlung. Der Aufbau der Materie lässt sich nicht mit den klassischen Theorien, der kontinuierlichen Wellenvorstellung oder der materiellen Teilchenvorstellung, beschreiben, sondern nur quantentheoretisch. Zum besseren Verständnis empfiehlt Heisenberg den **Gebrauch zweier Bilder**: Wellenbild und Teilchenbild.

Das **Wellenbild** entspricht dem **Feld**, das über einen großen Raum ausgebreitet ist, das **Teilchenbild** dem **Stoff**, der auf ein kleines Volumen beschränkt ist. Heisenberg schreibt Folgendes dazu: „Die beiden Bilder schließen sich natürlich gegenseitig aus, weil eine bestimmte Sache nicht gleichzeitig ein Teilchen ... und eine Welle ... sein kann. Aber die beiden Bilder ergänzen sich; wenn man mit beiden Bildern spielt, indem man von einem Bild zum anderen übergeht und wieder zurück, so erhält man schließlich den richtigen Eindruck von der merkwürdigen Art von Realität, die hinter unseren Atomexperimenten steckt" (17,S.32). Die Aspekte des **Welle-Teilchen-Dualismus**, die sowohl Wellen- als auch Teilcheneigenschaften erfassen, gehen ineinander über, was ein „**unanschauliches Drittes**" meint (1,S.659). Diesbezüglich gilt: „Es gibt zwei Aspekte der Wirklichkeit, die anschaulich nicht zu vereinigen sind, und *h* (das Planck' sche Wirkungsquantum) vermittelt zwischen ihnen" (4,S.173).

Die metaphysische Alternative beim Problem des Welle-Teilchen-Dualismus hat sich aufgelöst. Mit nur einem Bild lässt sich Materie nicht hinlänglich beschreiben. Aus unserer beschränkten Vorstellung ergeben sich Schwierigkeiten. Der Dualismus von Welle und Teilchen, oder genauer: der Begriffe von Kontinuum und Partikel, wird in der Quantentheorie aufgelöst. Die **Quantentheorie** führt den Kontinuumbegriff und den Partikelbegriff zur **fünften großen Synthese**.

Die Grundfrage der Philosophie sowie entsprechende Aussagen des Materialismus und Idealismus (auch hinsichtlich endlicher bzw. unendlicher Weltausdehnung) sind bedenklich. Der Partikelbegriff leitet sich aus **materialistischen**, der Kontinuumbegriff aus **idealistischen Wurzeln** her (vgl.2.7). Gleich der **induktiven** und **deduktiven Methode** wurden beide Begriffe letztlich vereint!

Die Erfolge der **Schrödinger'schen Wellengleichung** führten zu einer grundlegenden Diskussion unter den führenden Physikern - ausgelöst hauptsächlich durch Arbeiten von Heisenberg. Im Mittelpunkt der Diskussion stand ein mathematischer Ausdruck der Wellengleichung von Schrödinger. Die Interpretation von Born (1882-1970) und Jordan (1902 geb.), die mehrheitlich unterstützt wurde, nicht von Einstein und Schrödinger, war von epochemachender Wichtigkeit. „Sie deutete die mathematische Darstellung des **Quadrats einer Wellenamplitude** als das Maß der **Wahrscheinlichkeit** eines gegebenen physikalischen Vorgangs oder Zustands, z.B. im Falle des Wasserstoffatoms als die Wahrscheinlichkeit, das Elektron an einem gewissen Punkt in der Umgebung des Protons aufzufinden. Als Konsequenz dieser probabilistischen Auslegung sieht der Quantenphysiker die primären Gesetze der Physik als **Wahrscheinlichkeitsgesetze** an, die lediglich **statistische Voraussagen** zulassen, was also auf das Eingeständnis hinausläuft, dass ein Einzelfall nicht dem klassischen Kausalgesetz (Determinismus) unterliegt ... Die Theorien, die vor der Quantenphysik aufgestellt waren - und dazu gehört auch die Relativitätstheorie -, waren in dem Sinne deterministisch, dass sie von dem Zustand eines Systems zu einem gegebenen Zeitpunkt seinen Zustand in jedem anderen, früheren oder späteren, Zeitpunkt mathematisch ableiten konnten“ (2,S.50f). Die deterministischen Gesetze der klassischen Physik aber sind als sekundär aufzufassen: Sie beschreiben nur makroskopische Vorgänge, die aus der Superposition vieler Einzelfälle hervorgehen. Der klassische **Determinismus** wurde **aufgegeben** - ein Ergebnis von epochemachender Bedeutung.

Als weitere Konsequenz der Quantenvorstellung ergab sich, den **Begriff des Phänomens** zu erweitern. Das Planck'sche Wirkungsquantum, das ja die Diskontinuität der elementaren Prozesse charakterisiert, ist eine endliche, nicht weiter unterteilbare Größe, die den **Begriff der Ganzheit** in die Physik eingeführt hat. „Das Bewusstsein des Menschen, das eine solche Ganzheit darstellt, ist nicht imstande, ein Phänomen in Teilphänomene zu zerlegen, ohne gleichzeitig das Phänomen selbst in seiner Totalität wesentlich zu beeinflussen“ (2,S.53). Die Beschreibung eines Phänomens berührt nicht nur das beobachtete Objekt, sondern auch das beobachtende Subjekt. Oder genauer: Ein beobachtetes Phänomen kann nicht vollständig von der experimentellen Anordnung, welche die Beobachtung ermöglicht, abgetrennt werden. In der **Unschärfe- oder Unbestimmtheitsrelation**, die Heisenberg im Jahre 1927 veröffentlichte, zeigt sich die gegenseitige Abhängigkeit. Bohr hat von „komplementären Gegensatzpaaren“ gesprochen, worauf noch eingegangen wird (vgl. 11.2).

Man stelle sich vor, den Bewegungszustand eines Elektrons, etwa Ort und Impuls, genau zu bestimmen. Mit kurzwelligem Licht (harter Gammastrahlung) hätte man zu arbeiten, wodurch der Impuls stark verändert würde. Mit langwelligem, energieärmerem Licht dagegen würde der Impuls weniger beeinflusst, der Ort aber unschärfer abgebildet werden.

Ort und Impuls eines mikrophysikalischen Objektes können mit beliebiger Genauigkeit nicht bestimmt werden. Das Produkt der beiden Ungenauigkeiten, nämlich die Ungenauigkeit des Ortes und die des Impulses, ist stets größer/gleich dem Planck'schen Wirkungsquantum. Entsprechendes gilt für **Energie und Zeit**. In Bezug auf den oben beschriebenen Gebrauch zweier Bilder bedeutet das: „Man kann in der Form der sogenannten Unbestimmtheitsrelation die **Grenzen** angeben, bis zu denen jedes der beiden Bilder physikalisch sinnvoll bleibt“ (18,S.40). Bei Beachtung der Grenzen treten **Widersprüche** noch nicht auf.

Die „Unbestimmtheit“ des Anfangszustands, die sich nicht aufheben lässt, macht exakte Voraussagen künftiger Teilchenbewegungen unmöglich. Folglich war der klassische Determinismus - als **Laplace'scher Intellekt** bekannt (vgl.5.3) - nicht mehr haltbar. „Für makroskopische Vorgänge konnten ja die Beobachtungsmittel jeweils relativ zum beobachteten System genügend reduziert und die mit dem Messungsprozess verbundenen Eingriffe derart verkleinert werden, dass sie unterhalb der üblichen Grenzen von Beobachtungsfehlern blieben. Die Dinge liegen aber anders im Bereich des Mikrogeschehens, weil da Beobachtungsmittel und beobachtete Objekte von derselben Größenordnung sind, denn bei beiden handelt es sich um Atome, Photonen, Elektronen oder andere Elementarteilchen. In diesen Fällen kann der störende Effekt der Beobachtung niemals durch determinierbare Korrekturen eliminiert werden. Man muss demnach jede Messung als eine kleine, aber endliche Wechselwirkung zwischen beobachtendem Subjekt und beobachtetem Objekt ansehen, als einen Eingriff, der den Kausalnexus der Vorgänge, die ihm vorhergehen, und der, die ihm folgen, in einem nicht vorherbestimmbaren Maße unterbricht und in einer entsprechend unbestimmten Weise den Zustand von Subjekt und Objekt zugleich beeinflusst ... Der Dualismus von Partikel und Welle, oder genauer von dem diskontinuierlichen Partikelaspekt und dem kontinuierlichen Feldaspekt von Licht und Materie, ist nichts anderes als die experimentelle Bestätigung der Idee, dass der Beobachter inklusive seiner Apparatur einen integralen Bestandteil eines Phänomens bildet" (2.S.51f). Nach Art der Apparatur lässt sich das Phänomen einmal als Partikel, das andere Mal als Welle beschreiben. Allerdings würden sich beide Beschreibungsweisen widersprechen bei Nichtbeachtung der Grenze, die durch die Unbestimmtheitsrelation gesetzt ist. „Die jahrhundertlange Diskussion, ob das Licht ‚in Wirklichkeit' aus Wellen oder aus Partikeln besteht, ist auf diese Weise gegenstandslos geworden" (2,S.52).

Im Mikrogeschehen ist die Kausalität bzw. **Determiniertheit durchbrochen**. Aus der begrenzten Darstellbarkeit folgt, dass der Zustand der Elementarteilchen nicht mit Sicherheit, sondern nur mit Wahrscheinlichkeit vorausgesagt werden kann (18,S.41). Ein Elektron beispielsweise kann keinen Ort einnehmen: Als begrenztes stoffliches Teilchen existiert es nicht. Schon allein deswegen ist die Forderung nach „Bestimmtheit" hinfällig. Die Annahme, das Elektron habe neben einem genau bestimmbaren Impuls auch einen genau bestimmbaren Ort, erzeugt Widersprüche im geschlossenen System der Quantentheorie.

Die Frage, ob die „Unbestimmtheit" objektiv sei oder auf Nichtwissen beruhe, muss wie folgt beantwortet werden: Prinzipiell ist eine Determinierung im Sinne des „Laplace'schen Intellekts" nicht möglich, weil zu messende Größen Gleichzeitigkeit fordern (andernfalls können sie nicht in die Rechnung eingehen). Die allgemeine Bestimmung eines quantenmechanischen Vorgangs drückt die **Schrödinger'sche Wellenfunktion** aus, die eine Bestimmung mit statistischer **Wahrscheinlichkeit** gestattet. Philosophisch bedeutet dies: Das Notwendige eines quantenphysikalischen Vorgangs kann bestimmt werden, das Zufällige nicht (1,S.1242f).

10.2. Theorie aller Kräfte

Mikroskopische Prozesse lassen sich mit der Quantentheorie, makroskopische mit der Allgemeinen Relativitätstheorie beschreiben. Weil sich das Große aus dem Kleinen noch nicht erklären lässt, obwohl es aus diesem hervorgewachsen ist, haben kosmologische Theorien immer noch den Makel, die Brücke zum Elementaren nicht gefunden zu haben. In den letzten Jahren aber wurden Fortschritte erzielt, die die Hoffnung nähren, dass sich **Mikro- und Makrokosmos** doch noch vereinen lassen - mit der sogenannten Weltformel.

Die Vereinigung beider Bereiche ist schwierig. Denn die Kraftbegriffe der Quantentheorie unterscheiden sich von denen der Allgemeinen Relativitätstheorie. Zwar ließ sich die Theorie des elektro-magnetischen Feldes mit der des radioaktiven Zerfalls und der Kräfte, die den Atomkern zusammenhalten, verbinden, jedoch die **Schwerkraft** passte in keines der entworfenen Konzepte.

Einstein hat die **Schwerkraft als Krümmung der Raumzeit** angesehen - verursacht durch die Massen der Objekte im Universum. Galaxien, Sterne und Planeten schaffen in der vierdimensionalen Raumzeit Eindellungen, ähnlich Murmeln auf einem **gespannten Gummituch**. Kommen sich die Murmeln näher, dann rollen sie zu den von den Massen geschaffenen Vertiefungen. So gesehen wäre die Gravitation eine Eigenschaft der Raumzeit und mit dieser untrennbar verwoben. Genau diese Verschmelzung aber widersetzt sich einer quantentheoretischen Interpretation. Umgekehrt widersetzt sich auch die Quantentheorie einer relativistischen Umformulierung.

Man beschreibt den Anfang des Universums (Urknall) als einen Zustand unendlich verdichteter Materie und unendlich gekrümmten Raumes. Diese Singularität ist mit der Allgemeinen Relativitätstheorie nicht vereinbar, es sei denn, dass sich die Allgemeine Relativitätstheorie zu einer

Theorie der Quantengravitation umarbeiten ließe, was namhafte Forscher, auch S.Hawking, seit Jahren schon versuchen. Eine wichtige Frage lautet: **Wie ist die Natur des Raums**?

Gegenwärtig diskutierte Theorien gehen davon aus, dass es eine „**Supersymmetrie**" **der Natur** geben könnte, dass die „dunkle" Materie aus gänzlich neuen Teilchen bestehen könnte. Ihre verschiedenen Spielarten schließen Formen ein, die elektro-magnetisch nicht wechselwirken oder auf Kräfte im Atomkern nicht ansprechen. Solche Teilchen sollen in Beschleunigern der Zukunft erzeugt werden (Large Hadron Collider: LHC), um hauptsächlich **Fragen nach ihren Massen** beantworten zu können. Unabhängig davon erfand man während mathematischer Arbeiten zur Supersymmetrie die sogenannte Superstring-Theorie, die davon ausgeht, dass das Universum **mehr als drei Raum- und eine Zeitdimension** hat, dass wir in einer kleinen „Tasche" eines höherdimensionalen Universums leben (vgl. 8.4.2). Mit einer solchen Theorie könnten möglicherweise die drei in der Teilchenphysik wichtigen Wechselwirkungen (Kräfte) mit der Gravitationskraft vereint werden. Da mehrere solcher Theorien existieren, in denen die **höheren Dimensionen** auf jeweils unterschiedliche Weise „**aufgerollt**" **bzw.** „**geschrumpft**" sind, sucht man nach der fundamentalsten Theorie, oder anders: nach der Weltformel.

Am einfachsten lassen sich Stringtheorien, mathematisch gesprochen, in zehn Raum-Zeit-Dimensionen formulieren. Da die wahrgenommene Raum-Zeit nur vier Dimensionen hat, werden die restlichen Dimensionen als „aufgerollt" bzw. „geschrumpft" angenommen. Zum Beispiel kann man eine zweidimensionale Fläche zu einem Zylinder einrollen und dann schrumpfen lassen, so dass eine eindimensionale Linie entsteht. Biegt man weiterhin deren Enden zusammen, dann entsteht ein Ring. Man kann weiterhin dessen Radius verkleinern, bis ein eindimensionaler Punkt entsteht. Auf diese oder ähnliche Weise könnte es zu Oben und Unten, Vorne, Hinten und Seitwärts zusätzliche Richtungen „einwärts" geben. Bezüglich des Urknalls nimmt man an, dass die höheren Dimensionen geschrumpft wären, während die bekannten Dimensionen mit der Expansion des Universums gewachsen wären.

In früheren Theorien ist das **Elementarteilchen** als Punkt angenommen worden. Die Stringtheorie schlägt vor, diese Annahme aufzugeben und das Teilchen als eindimensionales **Objekt (Fädchen)** anzusehen: **als String**, der - ähnlich einer Gitarrensaite - verschieden schwingen könnte. Der String könnte Anregungszustände erreichen, bei denen sowohl Masse als auch keine Masse entstände. Unterschiedliche Teilchen ließen sich als verschiedene Anregungszustände eines immer gleichen Strings verstehen, als Spektrum sich überlagernder Eigenschwingungen. (Die moderne Physik hat gezeigt, dass man Licht als Welle oder als Teilchen auffassen kann. Auch erinnert die Welle an Musik und könnte einer Note entsprechen: Pythagoräer, die **Maß** und **Zahl** als Grundprinzip sahen.)

Am wenigsten schwingt das Graviton, das für die Übertragung der Massenanziehung zuständig ist, der **ersten Grundkraft**. Etwas heftiger bewegt sich das Photon als Träger des Elektromagnetismus, der **zweiten Grundkraft**. Viel heftiger schwingen die Bosonen und Gluonen, die als Träger der **schwachen** und der **starken Kraft** fungieren und die Reihe der vier Wechselwirkungen komplettieren (vgl. 10). Das Schwingen der Teilchen wird als Ausdruck ihrer Energien gewertet. Zur Theorie gehört auch, dass alle Kräfte als **Schwerkräfte in höheren Dimensionen** gelten.

Schon vor Jahren gelang es, Elektromagnetismus und Schwache Kernkraft zu vereinen. Obwohl der experimentelle Nachweis schwierig war, konnte auch die Starke Kernkraft mit den beiden anderen vereint werden. An der schwächsten aller Kräfte aber, der Gravitation, scheiterten die Wissenschaftler. Um die Massenanziehung eines Körpers oder Teilchens zu bestimmen, ist ein Ausdehnungsmaß nötig, etwa der **Radius einer Kugel bzw. eines Atomkerns** (vgl.10.3, dritte universelle Naturkonstante). Bei kleinsten Punkten, für die Elementarteilchen gehalten wurden, ist das nicht möglich. Weil der Punkt beliebig klein sein kann, strebt seine Gravitation ins Unendliche: Das Ergebnis ist mathematisch unlösbar. Das Kunststück der **Superstring-Theorie** besteht in der **Schaffung dieses Maßes**. Mit ihm nämlich, so glauben Physiker, könnte die Vereinheitlichung der Quantentheorie und der Allgemeinen Relativitätstheorie ein gutes Stück näher kommen.

Eine Alternative zur Theorie der „Superstrings“ ist die der „**Schleifenquantengravitation**“. Nach ihr sind Elementarteilchen, wie Elektronen oder Quarks, mehrdimensionale Objekte, die man als Oberschwingungen der Strings oder Schleifen auffassen kann. Definiert worden sind Strings als eindimensionale Fädchen in einer vieldimensionalen Welt, doch Schleifen auch als zweidimensionale Membranen in einer solchen Welt. Sich mit diesen Theorien zu beschäftigen, ist **reine Mathematik**. Keine von ihnen konnte bisher bestätigt werden. Die Lücke zwischen Mikro- und Makrokosmos ist noch frei, wird aber vermutlich geschlossen - von mehr als einer Seite! Das **neue Paradigma** (s. Vorwort und 1. Problemfeld) würde sicherlich behilflich sein.

Die **kosmologischen Schlussfolgerungen**, die aus der Allgemeinen Relativitätstheorie gezogen werden, sind weiterhin **hypothetisch**, auch wenn von idealistischer und materialistischer Seite her behauptet würde, das Gegenteil bewiesen zu haben. Bestimmte Annahmen sind zwar denkmöglich, jedoch nicht notwendig. Einerseits führen sie zu einem endlich ausgedehnten (pulsierenden), andererseits zu einem unendlich ausgedehnten (expandierenden) Weltmodell (1,S.1045). Zusammenfassend sei gesagt: Hinsichtlich der Struktur des Weltalls sind zwar Fragen übers Spekulieren hinaus beantwortet, jedoch bezüglich der Endlichkeit bzw. Unendlichkeit des Weltalls findet **weder der Materialismus noch der Idealismus** durch die Allgemeine Relativitätstheorie und deren Erweiterung bzw. Interpretation die gewünschte Bestätigung.

10. 3. Grobstruktur

Der zentrale Begriff der Quantentheorie ist die Wahrscheinlichkeitsfunktion oder, wie man in einer mehr mathematischen Sprache sagt, die statistische Matrix. Als geschlossenes, widerspruchsfreies System umfasst die Quantentheorie die Quanten- und Wellenmechanik, die Theorie der Atomspektren, die Chemie sowie Theorien über andere Materieeigenschaften wie Leitfähigkeit, Ferromagnetismus usw. Mit ihr verbunden bzw. in ihr enthalten sind zwei weitere abgeschlossene Begriffssysteme, nämlich die Newton'sche Mechanik (einschließlich der Astronomie, soweit sie von Bewegungen der Sterne und Planeten handelt) und die Theorie der Wärme. Ein viertes abgeschlossenes System, das in endgültiger Form ebenfalls schon vorliegt, umfasst die Spezielle Relativitätstheorie, die Elektrodynamik, Optik und Magnetismus, und man kann auch die de Broglie'sche Theorie der Materiewellen dort einschließen, und zwar für alle verschiedenartigen Elementarteilchen.

Die Unabhängigkeit des vierten Systems gegenüber der Quantentheorie - so Heisenberg - legt den Gedanken an ein fünftes Begriffssystem nahe, in dem die Quantentheorie, die Newton'sche Mechanik und das vierte System als Grenzfälle enthalten sein könnten. (Die Theorie der Wärme kann mit jedem schon vorhandenen Systeme verbunden werden.) Dieses fünfte System sollte eines Tages im Zusammenhang mit der Theorie der Elementarteilchen gefunden werden (17,S.79) und eine Theorie der Materie im Weltganzen sein. Der schlüssiger Beweis für die Einheitlichkeit der Materie ist durch die Tatsache erbracht worden, dass sich alle Elementarteilchen in andere Teilchen oder in Strahlung bzw. Feld umwandeln lassen (17,S.131).

Heisenberg hat bei der Aufzählung der abgeschlossenen Begriffssysteme die Allgemeine Relativitätstheorie weggelassen, da sie ihre endgültige Form vielleicht noch nicht gefunden hat. Weiter oben ist darauf hingewiesen worden, dass die Spezielle Relativitätstheorie mit der **ersten universellen Naturkonstante** - der Lichtgeschwindigkeit - verknüpft ist, die für die Beziehung zwischen Raum und Zeit entscheidend ist. Die **zweite universelle Naturkonstante** - das Planck'sche Wirkungsquantum - steckt in der Quantentheorie. Heisenberg weist darauf hin, dass aus Dimensionsgründen eine **dritte universelle Naturkonstante** existieren müsse; denn mindestens drei Grundeinheiten seien nötig, um ein vollständiges System bilden und alle vorkommenden Größen ableiten zu können. Diese dritte universelle Naturkonstante könnte - so Heisenberg - eine Länge sein, eine **universelle Länge**, die den Radien leichter Atomkerne vergleichbar wäre (17,S.135f). An die sogenannte „**Superstring-Theorie**“ (vgl.10.2) erinnert dieser wichtige Hinweis.

Weil **Physik** und **Chemie** ein gemeinsames Objekt haben: das Atom, konnten beide Wissenschaften vereint werden; „andere Wissenschaften wie Astronomie, Meteorologie, Geologie, Mineralogie sind, soweit sie sich über die Beschreibung und Klassifizierung der Phänomene zur Aufstellung und Erklärung von Gesetzmäßigkeiten erheben, heute Anwendungsfelder der beiden Grundwissenschaften Physik und Chemie. Darüber hinaus sind Physik und Chemie unentbehrliche Hilfsmittel auch in der Wissenschaft vom Organischen geworden“ (18,S.185), trotz unterschiedlicher Methoden: Die typischen biologischen Begriffe haben gegenüber der Physik einen mehr qualitativen Charakter - man denke nur an Begriffe wie Leben, Organ, Zelle, Funktion eines Organs usw. Dennoch wird versucht, die **biologischen Prozesse** auf der Grundlage physikalisch-chemischer Gesetze zu erklären, wobei die Begriffe der **Geschichte und Entwicklung** (Bewegung) einbezogen werden.

10.4. Biologische Linie

Die **materialistische Biologie** greift (unter Berücksichtigung der Genetik und Systemtheorie) auf Darwins Erkenntnisse zurück. M.Eigen und andere „konnten nachweisen, dass das Phänomen der natürlichen Selektion nicht an belebte Materie gebunden ist, sondern unter bestimmten Bedingungen bereits in unbelebten Materiesystemen“, auf der Ebene biologischer Makromoleküle, „in Erscheinung tritt." (20,S.30) Als Bedingung für eine **selektive Selbstorganisation** gilt, dass sich das System in einem Zustand **fern vom thermodynamischen Gleichgewicht** befindet (vgl. 8.4.1). Nur in offenen Systemen, die freie Energie außen vorfinden, können biologische Moleküle entstehen.

Mutation und Selektion fanden auch in der Uratmosphäre statt und verbesserten die Reproduktion so lange, bis Nukleinsäuren übrigblieben, die Konkurrenten nicht mehr verdrängen konnten (**Molekulardarwinismus**, 20,S.29ff). Auch probierte die Natur viele Molekülstrukturen aus, von denen sich einige bei Benutzung umgebenden „Materials" verdoppeln konnten. Diese Strukturen waren einem Wettbewerb ausgesetzt, wobei sich die Entwicklung durch *Auslese und Überleben der Tüchtigsten und best Angepassten* vollzogen hat. Zwar muss in diesem Modell der Begriff des Bewusstseins noch ausgeklammert bleiben, da er jenseits der Biologie neue Probleme schafft. Doch könnte er mit den Begriffen der Geschichte und Entwicklung (Bewegung) vielleicht integriert werden, unter der Voraussetzung, dass den Elementarteilchen **leben- und geistaufbauendes Potential** zuerkannt wäre - als naturgesetzlicher Zusammenhang.

Der **Begriff des Lebens** - im Sinne von **Alterung** - könnte vielleicht auf den der **Zeit** bzw. **Bewegung** bezogen werden, wie es die Spezielle Relativitätstheorie nahelegt (und der zweite Hauptsatz der Thermodynamik). Durch Empirie gestützt, scheint es „keine Stelle zu geben, an der eine besondere Lebenskraft eingreifen könnte, die von den bekannten Kräften der Physik verschieden wäre" (17,S.82). Wissenschaftler sind deshalb geneigt, „biologische Prozesse als Folge der Gesetze von Physik und Chemie zu erklären." (17,S.126) Doch erinnert sei: Die **Einheit der Welt** verlangt nur **ein(!) Gesetz** (9.1). Mit „Gesetze von Physik und Chemie" könnte das **Gesetz der Natur** gemeint sein - unter metaphysischem, physikalischem, biotischem, ethischem Aspekt (s. **1. Problemfeld**).

Die Biologen, die das obige Erklärungsmodell ablehnen, neigen mehr zu **idealistischen Vorstellungen**, wobei eine besondere Kraft - ein **immaterielles Plus** - einbezogen wird. Erneut sei daher betont: „Da die Begriffe der Physik und Chemie ein abgeschlossenes und widerspruchsfreies System bilden, nämlich eben das der Quantentheorie, folgt bereits mit Notwendigkeit, dass überall dort, wo diese Begriffe überhaupt zur Beschreibung der Erscheinungen angewendet werden können, auch die **Gesetze richtig sein müssen**, die mit diesen Begriffen verbunden werden." Denn immer „wenn man lebendige Organismen als physikalische und chemische Systeme betrachtet, müssen sie sich auch wie solche verhalten." Schwer ist es, „sich vorzustellen, dass Begriffe wie Empfindung, Funktionieren eines Organs, Zuneigung usw. zu dem abgeschlossenen Begriffssystem der Quantentheorie gehören sollten, sobald man es mit dem Begriff der Geschichte verbindet." (17,S.82)

Wiederholt sei: Das **Gesetz der Natur** könnte unter metaphysischem, physikalischem, biotischem und ethischem Aspekt gefasst werden - **nicht nur unter physikalischem Aspekt**! Analog dem Gedankenexperiment „Naturmagnet" (s. 1. Problemfeld) würden entsprechende Strukturen entstehen, aus denen Leben resultieren könnte mit dem Drang „nach oben" hin (Evolution). Gestuftes Leben verlangt komplexer werdende Strukturen, gemäß dem Gesetz der Natur. **Leben** wiederum ist **Geist** (absoluter Geist, Weltgeist, s. 6.2) - wahrscheinlich auch das Gesetz der Natur!

Als Angehöriger der physikalischen Disziplin schlägt Heisenberg vor, „über die Quantentheorie hinauszugehen und ein neues, abgeschlossenes Begriffssystem zu konstruieren, zu dem Physik und Chemie vielleicht später als Grenzfälle gehören mögen" (17,S.82). Zwar lässt sich vermuten, dass ein **experimentell nicht fassbarer Faktor** einzuführen wäre. Doch Heisenberg spricht das nicht aus. Für ihn ist Darwins Theorie (in Verbindung mit Physik und Chemie) nur nicht befriedigend. Auch weist er darauf hin, dass der menschliche Geist *als Gegenstand und als Subjekt* in den wissenschaftlichen Prozess eingehen muss. „Die Quantentheorie lässt keine völlig objektive Beschreibung der Natur mehr zu" (17,S.85).

10. 5. Korrespondenzprinzip

Mit der Quantentheorie sind die Entwicklungslinien von Physik und Chemie vereint worden. Zugrunde liegt ein allgemein anerkanntes Prinzip: das Korrespondenzprinzip, das von Bohr im Jahre 1913 formuliert wurde. Es besagt: Die Gültigkeit einer Theorie geht nicht vollständig verloren beim Entstehen einer neuen Theorie. Die Gesetze, der mathematische Apparat usw. der alten Theorie ergeben sich aus den Gesetzen, dem mathematischen Apparat usw. der **neuen Theorie**, wenn ein für die neue Theorie **charakteristischer Parameter** einem bestimmten **Grenzwert** zustrebt. Wenn z.B. das Planck'sche Wirkungsquantum auf Null gesetzt würde, dann gingen die Gesetze, Gleichungen usw. der Quantenmechanik in die Gesetze der Klassischen Mechanik über. Weiterhin: Die Klassische Mechanik würde zum Grenzfall der relativistischen Mechanik werden, wenn die Lichtgeschwindigkeit unendlich wäre. Oder: Die Wellenoptik würde als Grenzfall der geometrischen Optik auftreten, wenn die Wellenlänge gegen Null ginge usw.

Das Korrespondenzprinzip gehört zu den anerkannten Prinzipien der Wissenschaft. Seinen heuristischen Wert zeigt es nicht nur in der Physik, sondern auch in anderen wissenschaftlichen Disziplinen. So erweisen sich die reellen Zahlen als Grenzfall der komplexen Zahlen, die euklidische Geometrie als Grenzfall der nicht-euklidischen Geometrien usw.

Das Korrespondenzprinzip bezieht sich nicht auf materielle Objekte, Prozesse usw., sondern auf den Zusammenhang wissenschaftlicher Theorien. Es ist deshalb ein metawissenschaftliches Prinzip, das seinen Platz in einer allgemeinen Methodologie der Wissenschaften hat und an die **„Koinzidenz der Gegensätze"** erinnert, die Cusanus vor mehr als 500 Jahren ausgesprochen hat, aber mehr noch an die materialistische Dialektik, an deren **„allgemeine Grundgesetze"** (s. 7.2.1 - 7.2.3). „Eine wissenschaftliche Theorie, welche die Gesetzmäßigkeiten eines bestimmten Objektbereichs adäquat widerspiegelt und in diesem Sinne eine relative Wahrheit darstellt, wird mit der weiteren Entwicklung der wissenschaftlichen Erkenntnis, mit ihrem Eindringen in das Wesen höherer Ordnung nicht als falsch verworfen, sondern im dialektischen Sinne aufgehoben, d.h. in einer relativen Wahrheit höherer Ordnung als Grenzfall aufbewahrt. Die neue Theorie negiert zwar die alte, aber sie negiert sie nicht metaphysisch, indem sie sie pauschal als ungültig verwirft, sondern **dialektisch**, indem sie die Begrenztheit der alten Theorie aufweist und sie zugleich für jene Werte des charakteristischen Parameters, für die sie das Wesen niederer Ordnung durchaus richtig widerspiegelte, als **Grenzfall** in sich fasst" (1,S. 660). So gesehen erinnert das Korrespondenzprinzip an das „allgemeine Grundgesetz" der Negation der Negation (vgl.7.2.3). Zum **Gesetz der Natur** jedoch kann weder das Korrespondenzprinzip noch das „Gesetz" der Negation der Negation gehören (s. 7.5 unten).

11. Lösungsmöglichkeit zwischen Materialismus und Idealismus

Mit der Quantentheorie wurde das klassische Weltbild gestürzt, das auf drei Annahmen ruhte: der **Kausalität**, der **Objektivierbarkeit** und der **Kontinuität**. Mit Hilfe dieser Begriffe (die den modernen Systemtheorien nicht fremd sind) möchte ich die *Grundfrage der Philosophie* noch einmal ansprechen und eine Lösungsmöglichkeit zwischen den philosophischen Grundrichtungen suchen.

Die idealistische Grundrichtung, die eine Vielzahl von Theorien und Anschauungen repräsentiert, geht - wie mehrfach erwähnt - vom Primat der Idee, des Geistes, kurz des Bewusstseins aus, wobei eine göttliche Ursache, Weltschöpfung bzw. endliche Welt angenommen wird. Andererseits geht die materialistische Grundrichtung, die den Schöpfungsgedanken ablehnt und eher antireligiös ist, vom Primat des gesellschaftlichen Seins, der Außen- oder Umwelt aus, während das Bewusstsein als sekundäre Erscheinung angenommen wird.

11. 1. Kausalität

Die dialektisch-materialistische Philosophie betont die Ursprünglichkeit, Eigenbewegung und Selbstorganisation der Materie (nicht erst seit der modernen Systemtheorie). Nach ihr liegt die Ursache aller Bewegung in den der Materie innewohnenden Widersprüchen (Gegensätzen). Zur Bewegung benötigt die Materie keinen ersten göttlichen Anstoß wie bei Aristoteles: Als Selbstbewegtes ist sie ihre eigene Erstursache. Doch der Ursache-Wirkungs-Zusammenhang ist nach materialistischer Philosophie objektiv-real.

Jeder Vorgang in der Natur wird nach klassischer Vorstellung kausal bestimmt, so dass gleiche Ursachen stets gleiche Wirkungen nach sich ziehen. Die gesamte Technik wäre ohne Ursache und Wirkung nicht möglich; denn bei allen technischen Einrichtungen geht es darum, durch Herstellen bestimmter Ursachen bestimmte Wirkungen zu erzeugen. Weil alles so einfach erscheint, könnte eine Erörterung überflüssig sein. Doch genaue Untersuchungen zeigen, dass im **Mikrobereich** (in den Bausteinen der Materie) der Zusammenhang zwischen **Ursache und Wirkung** durchbrochen ist. Die Gültigkeit bzw. Ungültigkeit der Kausalität ist **ungesichert**: Die Natur und ihre Gesetze richten sich nicht nach den menschlichen Denkgewohnheiten. „Die Natur ist älter als der Mensch, aber der Mensch älter als die Naturwissenschaft“ (18,S.369). Den Naturprozessen muss sich das Denken anpassen!

Das **radioaktive Zerfallsgesetz** lehrt, dass z.B. von einer Menge des Kohlenstoff-Isotops ^{14}C (das als CO_2 auch im **Gehirn** vorhanden ist) nach 5360 Jahren gerade die Hälfte zerfallen ist und dass in weiteren 5360 Jahren die Hälfte vom Rest wieder zerfällt usw. (5,S.695). Damit lässt sich die Durchschnittslebensdauer eines Kohlenstoffatoms vom gegenwärtigen Augenblick bis zum Zerfall berechnen, und zwar mit Hilfe des radioaktiven Zerfallsgesetzes, das sich wie andere Gesetze auch in eine mathematische Gleichung bringen lässt. „Trotzdem stellt es gegenüber den Gesetzen der klassischen Physik etwas völlig Neuartiges dar.“ Will man nämlich feststellen, wann ein bestimmtes Kohlenstoffatom zerfällt, so erweist sich das als unmöglich. Man kann nicht sagen, ob das Atom schon in der nächsten Sekunde oder erst nach Jahren zerfällt. Bis heute ist eine metaphysisch-freie Ursache, die für das verschiedene Verhalten der Kohlenstoffatome verantwortlich ist, nicht gefunden worden. „Die experimentelle Erfahrung zeigt, dass der **radioaktive Zerfall** weder durch hohe oder tiefe Temperaturen noch durch Drücke, elektrische Felder oder andere äußere physikalische Einwirkungen gesteuert werden kann“ (5,S. 774). Alle bekannten physikalischen Einflüsse scheiden als Ursache für die verschiedene Lebensdauer der Kohlenstoffatome aus.

Wenn äußere Einflüsse nicht in Frage kommen, dann bleibt noch „die Möglichkeit, dass die Ursache für die Verschiedenheit des Zerfalls im Innern der Atome zu suchen ist, indem diese etwa gealtert sind und dabei Veränderungen erfahren haben, die wir bisher nicht kennen. Aber auch diese Möglichkeit scheidet aus“ (5,S.775). „Eine strenge mathematische Beweisführung ... hat gezeigt, dass innere Ursachen für das geschilderte unterschiedliche Verhalten“ der Kohlenstoffatome „nicht vorhanden sein können“ und „dass der Zerfall ... **zufällig** (ursachlos) erfolgt“ (5,S.775). Diese Erkenntnis hat dazu beigetragen, einen **physikalisch nicht fassbaren Faktor** anzunehmen, der den **Kausalzusammenhang „auflockert“**. Mit ihren Methoden ist es der Wissenschaft nicht möglich, die „Auflockerung des Kausalzusammenhangs“ (5,S.775) eindeutig(!) zu bestimmen.

Die primären Gesetze der Physik und Mikrophysik gelten - wie erwähnt - als Wahrscheinlichkeitsgesetze. Lediglich statistische Voraussagen sind möglich, die nicht das Verhalten des Einzelfalls, sondern das Durchschnittsverhalten vieler Einzelfälle betreffen. **Mikroskopische Einzel-**

vorgänge aber erzeugen Wirkungen im Makrobereich: im **Gehirn und menschlichen Nervensystem**. Möglich ist es, dass solche Einzelvorgänge an psychisch-geistigen Verhaltensweisen beteiligt sind (17,S.191), dass das Verhalten des Menschen bzw. dessen Bewusstsein von „**vor-physikalischen**" Faktoren mitbestimmt wird, was der philosophische Materialismus eher ablehnt. In Anlehnung an idealistische Auffassungen entständen Bewusstseinsinhalte, die vor aller Erfahrung gegeben wären (**Geschehen am Waldsee** vor Jahren, fünftes Buch, Kapitel 1.5).

An dieser und folgender Stelle sei noch angemerkt. Ein „Können vor aller Erfahrung" existiert mit Sicherheit im biologischen Bereich, dort, wo zwingende Anlässe es fördern (Nestbau, Liebesspiel), worauf K.Lorenz gewiesen hat (18,S.218f). Auch wenn Folgerungen für das menschliche „Wissen a priori" übernommen würden: Die sensualistische Grundthese, wonach die Seele des Neugeborenen einer leeren Wachstafel (**tabula rasa**) gleicht, ist **falsch**. Untersuchungen an tierischem und menschlichem Erbgut (Genomforschung) könnten das belegen.

Einen Wandel der Begrifflichkeit Kausalität und Zufall hat auch die **Chaostheorie** gefördert (20,S.39f). Durch kleine Veränderung an Anfangsbedingungen erwachsen chaotische Wirkungen. In solchen Fällen haben Ursachen nicht ähnliche, sondern völlig andere Wirkungen, was im Umgang mit komplexen Systemen zu beachten wäre (auch mit **biologischen und sozialen Systemen**: ganzheitliche bzw. interdisziplinäre Betrachtungsweise). Das heißt, im Wissen um das faszinierende Wechselspiel zwischen Chaos und Struktur (Komplementarität) lassen sich Phänomene in Physik und Biologie, Wirtschaft und Soziologie verstehen und deuten.

Der philosophische Materialismus wünscht sich trotz der Ergebnisse der Quantentheorie den „strengen" Kausalzusammenhang wieder hergestellt. Seine Aussagen über das individuelle Bewusstsein aber, das durch Umwelt mitbestimmt wird, bleiben im Wesentlichen als wahr bestehen, unabhängig davon, ob die strenge Kausalität wiederhergestellt wird oder nicht! Der Wahrheitsgehalt, der durch Untersuchungen belegt ist, kann auf idealistischer Seite nicht geleugnet werden. Andererseits erscheint die Kausalität aufgelockert, was Untersuchungen ebenfalls belegen. Die **extremen**(!) **Aussagen** sowohl des Materialismus als auch des Idealismus über den Kausalzusammenhang und das **menschliche Bewusstsein** sind unbegründet, sind **Glaubensbekundungen**. Oder anders: Die Frage nach dem *primären Prinzip* kann über die Kausalität keine eindeutige Antwort finden (s. Vorwort, Problemfeld).

11. 2. Objektivierbarkeit

Die Objektivierbarkeit ist die zweite Grundvoraussetzung der klassischen Physik. Man versteht darunter, dass ein Ereignis (Phänomen, Objekt) unabhängig vom beobachtenden Subjekt abläuft. Beobachtungen erfordern aber Messinstrumente, die vom Subjekt abhängig sind: vom Experimentator abgelesen werden. Um z.B. die Temperatur einer Flüssigkeitsmenge bestimmen zu können, berührt man sie mit einem Thermometer. Von der Flüssigkeit wird Wärme an das Thermometer abgegeben oder ihm entzogen, wodurch sich der Zustand der Flüssigkeit ändert. Bei diesem Beispiel ist das unwichtig, weil durch Wahl eines genügend feinen Thermometers und nachträgliche Korrekturen der Fehler verschwindend klein wäre. Anders im Bereich der Atome, der Materiebausteine: Bei dort stattfindenden Untersuchungen kann das Messinstrument, das ja auch aus Atomen besteht, nicht kleiner als das zu untersuchende Objekte gemacht werden. Folglich kann der Fehler, der durch das Messinstrument entsteht, schlecht kontrolliert und nicht ausgeschaltet werden (5,S.768f).

Im Bereich der Atome geht mit jeder **Messung** eine Veränderung des Objekts einher. Diese **Veränderung** kann auf Experimentiermängel nicht zurückgeführt werden. Verursacht ist sie durch die Natur, durch die **atomistische Struktur** von Materie und Energie.

Die Beobachtung eines Objektes kann mit beliebiger Genauigkeit nicht erfolgen. Dass der Vorgang nur begrenzt fassbar ist, beweist die **Heisenberg'sche Unbestimmtheitsrelation**. Heisenberg hat festgestellt, dass die Zustandsgrößen eines Objekts in eigentümlicher Weise zu Paaren verkoppelt und so beschaffen sind, dass jedes Produkt die Dimension einer „Wirkung" hat. Die einzelne Wirkung, die aus der Verkoppelung stammt, kann nicht beliebig klein werden. Sie stößt auf eine untere Grenze, die aus der Existenz des Planck'schen Wirkungsquantums folgt. Jede größere Wirkung ist immer ein Vielfaches der elementaren Wirkung.

Die Zustandsgrößen, die paarweise auftreten (Ort und Impuls, Zeit und Energie), werden „**komplementäre Gegensatzpaare**" genannt, weil der Partner den anderen bei der Zustandsbestimmung ergänzt und ihm zugleich entgegengesetzt ist. Diese Komplementarität hat Bohr als logische Erweiterung des klassischen Kausalbegriffs gedeutet und überdies als Spezialfall einer **universellen Tatsache**, die der gesamten menschlichen Erfahrungswelt eignet (2,S.52f). Entsprechend sind von ihm auch Gegensatzpaare genannt worden, die von nicht-physikalischer Art sind wie z.B.

Denken und Fühlen, die zur Beschreibung menschlicher Situationen unentbehrlich sind. Andere Beispiele stammen aus der Soziologie, der Ethik und Ästhetik, so die komplementäre Beziehung von Gerechtigkeit und Liebe oder das Problem der Willensfreiheit.

Das neuartige Verhältnis von Physik und Geisteswissenschaft zeigt sich besonders an den modernen **Systemtheorien** bzw. dem ihnen gemeinsamen **„Postulat der Komplementarität"**, wie im Vorwort und an anderen Stellen erwähnt. Aufschlussreich ist es, dass das Planck'sche Wirkungsquantum, das die Diskontinuität jedes mikrophysikalischen Geschehens charakterisiert, eine endliche, nicht weiter teilbare Größe ist. Diese Unteilbarkeit hat in die Physik - und später in andere Disziplinen - den **Begriff der Ganzheit** eingeführt, eines der wesentlichen Kennzeichen geistiger und psychischer Phänomene (s. 10.1). Diesbezüglich sei auf das **Gesetz der Natur** noch einmal gewiesen (s. 10.4), das immer Ganzheit fordert - vom physikalischen, zum biotischen, zum ethischen Aspekt (**interdisziplinäre** Betrachtungsweise). Denn die „Einheit der Welt" verlangt ebenfalls Ganzheit: das Gesetz der Natur!

Bohrs Interpretation der Heisenberg'schen Unbestimmtheitsrelation hat neues Licht geworfen auf die Gegenüberstellung von Mensch und Außenwelt, oder allgemeiner auf das philosophische Problem der **Subjekt-Objekt-Beziehung**. Objekte besitzen mannigfaltige Eigenschaften, unabhängig vom beobachtenden Subjekt. Mit beliebiger Genauigkeit kann das beobachtende Subjekt diese Eigenschaften, d.h. die verschiedenen Bewegungsformen der Elementarteilchen, nicht erfassen. Überdies wird die beobachtete „Welt" in unbestimmbarer Weise durch den Beobachtungsprozess verändert. Das Bewusstsein tritt zwar als Bewusstsein von der objektiven Welt auf, kann jedoch die Welt nur unvollständig bzw. fehlerhaft wahrnehmen. An den Ausspruch **„it from Bit"** sei hier erinnert (s. Vorwort, Problemfeld), der von J. Wheeler stammt, einem Quantenphysiker, und zum **neuen Paradigma** beigetragen hat - nach der politischen Wende 1989, den Zusammenbrüchen im sozialistischen Lager. Der **Informationsbegriff**, der im Pythagoräismus wurzelt (2.2/2.3/**2.7**), wird dem zweiten Buch zugrunde gelegt (ja allen Bücher - auch wegen des Geschehens am Waldsee, das mir rätselhaft gewesen ist).

Der Abbildungsprozess der Umwelt ist ein **neurophysiologischer Vorgang**, der in den Mikrobereich hineinwirkt, also auch ins **menschliche Gehirn**. Nur in Grenzen lässt sich der Vorgang erforschen, so dass die *Grundfrage der Philosophie* offen bleibt. Kurz: Die **extremen**(!) **Aussa-**

gen sowohl des Materialismus als auch des Idealismus über die Natur des **menschlichen Bewusstseins** sind wegen mangelnder Objektivierbarkeit nicht beweisbar, sind **Glaubensaussagen**. Unter diesem Umstand kann zum Problem der Subjekt-Objekt-Beziehung aber trotzdem gesagt werden: Die Qualität des Bewusstseins ist in hohem Maße von Umweltreizen, die über die Sinne aufgenommen werden, abhängig. Eine reizarme Umwelt hat mit großer Sicherheit ein entsprechendes Bewusstsein zur Folge und umgekehrt. Die Umwelt, in ihren kultivierten Formen und Deutungen, ist übereinstimmend mit Aussagen des Materialismus als Reiz für die geistige Entwicklung von entscheidender Bedeutung. Im zweiten Buch wird u.a. darauf näher eingegangen.

11. 3. Kontinuität

Die dritte Grundvoraussetzung des klassischen Weltbildes ist die Stetigkeit oder Kontinuität der Naturvorgänge. Auf den ersten Blick erscheint die Kontinuität so selbstverständlich, dass man es für überflüssig halten könnte, sie überhaupt zu erwähnen. Beispielsweise lehrt die Erfahrung, dass kein Körper von einem Ort zu einem anderen gelangen kann, ohne in lückenloser Folge eine zusammenhängende Bahn zu durchlaufen. Auch erscheint es als unmöglich, die Temperatur eines Körpers von z.B. vierzehn auf fünfzehn Grad zu erhöhen, ohne alle Zwischenstufen zu durchlaufen (5,S.325). Dies hat zur oft zitierten Annahme geführt: „Die Natur macht keine Sprünge."

Demgegenüber muss betont werden, dass die Kontinuität der Naturvorgänge keine Denknotwendigkeit ist. Beispielsweise könnte ein Teilchen an einem Ort plötzlich verschwinden und ebenso plötzlich an einem anderen wieder auftauchen. Die Naturvorgänge, die wir erleben, zeigen solche Eigenschaften nicht. Anders im Mikrobereich, in den Bausteinen der Materie: „Der **diskontinuierliche Charakter allen Mikrogeschehens** bekundet sich in den Wechselwirkungen von Energiequanten und materiellen Partikeln aller Art sowie in der Tatsache, dass die Energiezustände komplexer Strukturen, wie die von Atomen und Molekülen, eine Serie diskreter Werte bilden, die sich sprunghaft beim Übergang von einem Zustand zu einem anderen ändern" (2,S.49). Stoff, Strahlung bzw. Feld durchdringen sich gegenseitig, gehen in elementaren Umwandlungsprozessen ineinander über. Eine physikalische Form der Materie, z.B. der Stoff, wird in eine andere (Strahlung bzw. Feld) umgewandelt. Materie geht aus einem qualitativen Zustand in einen anderen über, wobei die

Quantität ihrer Grundeigenschaft, Masse und Energie, erhalten bleibt (1,S.746).

Materie folgt natürlichen Gesetzen (**Gesetz der Natur**), ist nicht tote, ungeformte Substanz wie Aristoteles und Nachfolger annahmen. Ihre Erscheinungsformen haben sowohl Wellen- als auch Teilchencharakter. Der Dualismus dieser Erscheinungsformen, oder genauer: der Begriffe Kontinuum und Partikel, ist mit der Quantentheorie vereint worden. In langen Prozessen sind beide Begriffe zur Ausarbeitung zweier Weltanschauungen herangezogen worden: zum philosophischen Materialismus und Idealismus, die sich ihrerseits ebenfalls vereinen könnten.

Die **idealistische** Naturauffassung, die im Kontinuumbegriff wurzelt, ist religiös eingestellt. Sie geht von der Erschaffung einer **endlich** ausgedehnten Welt in Raum und Zeit aus. Anders die **dialektisch-materialistische** Naturauffassung, die im Partikelbegriff wurzelt (vgl.2.7/10.1). Sie ist antireligiös eingestellt (nicht zwingend). Nach ihr ist die Welt in Raum und Zeit **unendlich** ausgedehnt.

Die Frage nach der Ausdehnung der Welt lässt sich eindeutig nicht beantworten. Ob man mit den Gleichungen der Allgemeinen Relativitätstheorie zu einem endlich ausgedehnten oder einem unendlich ausgedehnten Weltall gelangt, ist von Annahmen abhängig (vgl.9.2). Die Aspekte der Endlichkeit und Unendlichkeit aber lassen sich möglicherweise doch vereinen (vgl.8.4.2/10.2). Nach der Allgemeinen Relativitätstheorie, die vielleicht ihre endgültige Form noch nicht gefunden hat, sind hyperbolisch und sphärisch gekrümmte Räume denkbar (vgl.9.2). Der erste wäre unendlich ausgedehnt (Sattelfläche), der zweite in sich geschlossen, d.h. unbegrenzt und doch endlich (Kugeloberfläche, 6,S.833). Nicht erst mit dem Welle-Teilchen-Dualismus, schon mit der „**Koinzidenz der Gegensätze**“ (Cusanus) ist nahegelegt worden, dass die Wirklichkeit mehrere Aspekte aufweist, die sich mittelbar und unvollkommen darbieten.

Zwischen den Aspekten vermittelt im Mikrobereich das Planck'sche Wirkungsquantum. Im Makrobereich könnte die zweite universelle Naturkonstante - die Lichtgeschwindigkeit - eine ähnliche Funktion übernehmen (in Verbindung mit der noch fehlenden dritten universellen Naturkonstante, vgl.10.3). Die Aspekte der Endlichkeit und Unendlichkeit könnten durch „**sowohl als auch**“ vereint werden.

Gesichert ist: Durch die Ergebnisse der Quantentheorie werden der Kontinuumbegriff und der Partikelbegriff als Einheit begriffen, die ein „**unanschauliches Drittes**" vermittelt (verstecktes Wesen oder Wesenselement der Naturerscheinungen?). Das Bild, das wir uns davon machen, bleibt immer Stückwerk. Zur Herstellung benutzen wir sowohl die Sinne als auch den Verstand, d.h. die empirisch-rationale Methode, die aus dem Empirismus (Sensualismus) und Rationalismus entstanden war.

Vielleicht gehört das „unanschauliche Dritte" zum „Einen" oder zum „Weltgeist", worüber Plotin (vgl.2.6) und Hegel (vgl.6.2) gesprochen haben. Irgendwie existiert es „hinter" der Grenze, welche die Unbestimmtheitsrelationen vorgeben. Der an der Grenze beginnende „Bereich" (welcher Dimension auch immer) ist von „vor-physikalischer" Art, ohne eine Größe, die naturfremd wäre, in die Theorie einführen zu wollen.

Alle natürlichen und staatlichen Gesetze gehen auf jene Ursache bzw. Wirkung zurück, die im Vor-physikalischen verhüllt wäre. Weder das Bewusstsein noch das gesellschaftliche Sein sollten zum **primären Prinzip** erklärt werden, besser das **Gesetz allgemein** (natürliches + staatliches Gesetz) bzw. die Auffassung der Pythagoräer, die mit **Maß und Zahl** alles zu erklären versuchten (vgl.2.2/2.3/**2.7**). Zwar ist das Gesetz allgemein das primäre Prinzip nur *bedingt*, jedoch zeigt es vom Vor-physikalischen bzw. unanschaulichen Dritten wichtige Eigenschaften!

Gesetz allgemein = natürliches + staatliches Gesetz (**Information**)

Weil nicht nur die physikalische und biotische Welt, sondern auch die **ethische** auf Vor-physikalischem aufbaut, ist das **staatliche Gesetz** dem **natürlichen** Gesetz verpflichtet - unter allen Aspekten (physikalisch, biotisch, ethisch), was im zweiten und dritten Buch behandelt wird. Der Begriff der Entwicklung, der die Geschichte des Denkens und der Physik durchzieht, wird als Leitgröße dort ebenfalls angewandt (Buchtitel). **Entwicklung** zeigt sich in **großen und kleinen Synthesen**, aber nicht nur bezüglich der Inhalte, auch bezüglich der Methoden der Naturerforschung.

Der Empirismus bzw. Sensualismus verband sich in der Geschichte der Philosophie weitgehend mit dem Materialismus, während der Idealismus meistens mit dem Rationalismus zusammenging (1,S.1096). Beide Lehren, die zur Synthese kamen, zeigen sowohl **methodisch**(!) als auch **inhaltlich**(!) in Richtung einheitliche Weltdeutung, die dem vernunftgeleiteten Menschen **weder** materialistisch **noch** idealistisch bzw. **sowohl** materialistisch **als auch** idealistisch erscheinen mag.

12. Schlusswort

Die moderne Physik lehrt, „dass Materie im Grunde nicht aus Materie aufgebaut ist, sondern auf einer immateriellen Beziehungsstruktur beruht die noch dazu keine eindeutigen Vorhersagen für zukünftiges Geschehen mehr erlaubt ... Wissen hat eine ihm eingeprägte Begrenzung. Die Welt ist im Grunde nicht begreifbar ... Zudem sind die“ aufgestellten „Unbestimmtheitsrelationen ... Ausdruck einer im Grunde ganzheitlichen, stärker verflochtenen, prinzipiell nicht in Teile zerlegbaren Struktur der Welt ... Dies eröffnet die aufregende Möglichkeit, alte historische Streitfragen und als unüberwindlich angesehene Gegensätze - wie sie etwa in der Unterscheidung von toter und lebendiger Materie, Stabilität und Instabilität, Körper und Geist, Mensch und Natur, Wissen und Glauben sichtbar werden - in neuem Lichte zu sehen und zwischen scheinbar Unverträglichem tragbare Brücken zu schlagen.“ (Postulat der Komplementarität) „In dieser Entwicklung des Zusammenführens von scheinbar Andersartigem stehen wir immer noch **ganz am Anfang**. Auch sind an diesem Prozess nur ganz wenige Wissenschaftler beteiligt, weil die Grundvorstellungen schlecht zu einer ins Handeln und Manipulieren vernarrten Welt passen, die von einer im mechanistischen 19. Jahrhundert verwurzelten **Wirtschaftstheorie** (Vorwort, Problemfeld) dominiert wird.“ (H.P. Dürr, Süddeutsche Zeitung, 13.10.1999)

Mit dem „**Postulat der Komplementarität**“ haben die **modernen Systemtheorien**, die berührt wurden, erst nach dem Niedergang des Sozialismus bzw. Kommunismus stärkeres Interesse gefunden. Der Hinweis „alter Wein in neuen Schläuchen“ anerkennt die klassischen Ansätze der Gestalt- und Ganzheitspsychologie aus der ersten Hälfte des 20. Jahrhunderts (20,S.21), jedoch mehr die der materialistischen Philosophie! „Die Grenzlinie, die bisher harte und weiche Wissenschaftsdisziplinen voneinander trennte, wird durchbrochen und der **interdisziplinäre Dialog** ... gefördert.“ (20,S.21). Vor allem Erkenntnisse aus der Naturwissenschaft bzw. Physik haben diesen Vorgang ausgelöst.

Die Geschichte der Naturwissenschaft zeigt das **Zusammenwachsen von Gegensätzen**, von Begriffen und Teilgebieten zu einem einheitlichen Weltbild. Die Synthese des 17. Jahrhunderts (1687) vereinigte die Astronomie und irdische Mechanik zur Analytischen Mechanik, die heute Klassische Mechanik genannt wird. Im 19. Jahrhundert (1820) wuchsen der Magnetismus und die Elektrizität zum Elektromagnetismus zusammen, und im Anschluss daran wurde das Licht als elektro-magnetische Erscheinung gedeutet: Licht und Elektromagnetismus kamen in der Theorie des elektro-magnetischen Feldes zur Synthese (1864). Ebenfalls im 19. Jahrhundert führte der Begriff der Wärmemenge in Verbindung mit dem Partikelbegriff zur Thermodynamik, die mit der Analytischen Mechanik zur Statistischen Physik verschmolz (etwa 1870). Mit dem Partikelbegriff wurde weiterhin die Vorstellung vom Atom wiederbelebt. Danach kam es zu einem Periodensystem der chemischen Elemente und zu einer Beschreibung und Deutung von Stoffeigenschaften.

Die Entwicklungslinie der Chemie und die der Körper und Felder flossen im 20. Jahrhundert durch die **Quantentheorie** zusammen. Sie erlaubt eine Theorie der kosmischen wie der irdischen Formen der Materie. In der gegenseitigen **Einschränkung** eines anschaulichen Partikelbildes und eines anschaulichen Feldbildes fasst sie **alle Entwicklungslinien**, mit Ausnahme der der Biologie, **zusammen** (3,S.15). Komplizierte Probleme wie solche der Gravitation, solche des Kosmos' oder solche des Lebens sind noch ungelöst, die Grenze möglicher Erkenntnis jedoch abgesteckt!

Physik und Chemie sind mit der Biologie verbunden, und zwar durch eine unbekannte Ursache bzw. Wirkung, die das menschliche Bewusstsein ermöglicht. Verlässlich kann das Bewusstsein über die das Bewusstsein hervorbringende Ursache bzw. Wirkung (Leben) nicht urteilen, und auch nicht über die darauf aufbauenden Seins- und Lebensprozesse der Welt. Die unbekannte Ursache bzw. Wirkung ist aber in der Welt und erinnert an **pantheistische Lehren** (vgl.2.6), in denen Gott und Welt, Materie und Bewusstsein als Einheit gedacht sind.

Religion ist als politisches Mittel zur Lenkung und Beherrschung von Menschen benutzt worden, worauf der philosophische Materialismus weist, im Anschluss an antike Denker sowie an Spinoza im 18. Jahrhundert (vgl.4.3). Das nach Religion verlangende Bedürfnis wird verbogen, von **politischer** Betätigung wird weggelenkt, was zum einen mit Religionszwang(!), zum andern mit nur einer(!) Religion gelingt. Diesbezüglich schaue man auf **fundamentalistisches Kämpfen und Streben** in der islamischen Welt - als Wiederholung von „christlicher" Machtpolitik in früherer Zeit. Verordneter Atheismus oder materialistischer Religionsersatz sind demgegenüber nur eine andere Spielart.

Bezüglich unserer Kultur sollte die in kirchlichen Kreisen anerkannte These Augustinus', dass die Besserung der verworfenen Welt nicht in der

Macht des Menschen stehe (vgl.3.1), möglichst zurückgedrängt werden. Religionen, die Gewaltfreiheit, Gerechtigkeit und Humanität betonen, nicht von der Welt weglenken, sind dem Bedürfnis der Menschen besser angepasst. **Welt als von Gott übertragene Aufgabe** könnte Religionen einen und der **praktischen Vernunft** gemäß sein.

Mit **weltzugewandten** pantheistischen Lehren (vgl.3.1) ist gegen Weglenken vorgegangen worden. Weglenken geschieht durch Verstärken von Gefühlen, durch gleichzeitiges Schwächen der Vernunft. Riten, Mythen und märchenhafte Theologie sprechen Gefühle an, prägen naive, **rechtsabgewandte** Glaubensvorstellungen - nicht nur beim Kind. Zu fragen ist, ob der Ausspruch des Xenophanes immer noch gültig ist (vgl.2.6): Eine hohe und reine, eine der menschlichen Vernunft würdige Religion wollte er. **Glaube und Wissen** sollten **versöhnt** sein (vgl.3.3). Beginnen soll Glaube dort, wo Wissen an Grenzen stößt.

Materialismus und Idealismus haben sich der Wahrheit verpflichtet, sind im „unanschaulichen Dritten" letztlich vereint. Nur am Gesetz, das **Entwicklung treibt**, zeigt das Dritte seinen Charakter - was im Folgenden zu beachten ist! Das **Gesetz allgemein**, das begreifbar ist, soll gewissermaßen „**primäres Prinzip**" sein (was in folgenden Büchern berücksichtigt wird).

*

Um den Gesamtzusammenhang besser verstehen zu können, könnten die fettgedruckten Stellen nach der Lektüre noch einmal durchgegangen werden, wie im Vorwort des Buches erwähnt.

LITERATURVERZEICHNIS

Im Buchtext stehen Klammerausdrücke, beispielsweise (8,S.26). Die erste Zahl bezieht sich auf die unten angegebene Nummerierung der einzelnen Literatur, die zweite auf die einzelne Seite der betreffenden Literatur.

1 G.Klaus/M.Buhr (Hrsg.): Philosophisches Wörterbuch, deb, Westberlin 1985(1987), 13. Aufl. (14. Aufl. 1987 als fotomechanischer Nachdruck der 13. durchgesehenen Aufl.).

2 S.Sambursky: Der Weg der Physik, 2500 Jahre physikalischen Denkens, dtv, München 1978.

3 F.Hund: Geschichte der physikalischen Begriffe, Teil 1, B.I., Mannheim 1978, 2. Aufl.

4 F.Hund: Geschichte der physikalischen Begriffe, Teil 2, B.I., Mannheim 1978, 2. Aufl.

5 Höfling: Lehrbuch der Physik, Ausgabe A, Dümmler, Bonn 1968, 8. Aufl.

6 E.Wiegand/M.Schinnagel (Hrsg.): Das große Buch des Wissens, Bertelsmann, Stuttgart 1964, 4. Aufl.

7 A.Reble: Geschichte der Pädagogik, Klett, Stuttgart 1975, 12. Aufl.

8 bis 15 F.Châtelet (Hrsg.): Geschichte der Philosophie, Band 1 bis 8, Ullstein, Frankfurt/M. 1973.

16 W.Schulz: Philosophie in der veränderten Welt, Neske, Pfullingen 1980.

17 W.Heisenberg: Physik und Philosophie, Ullstein, Frankfurt/M. Berlin 1986.

18 C.F.v.Weizsäcker: Zum Weltbild der Physik, Hirzel, Stuttgart 1976, 12. Aufl.

19 Hesiod: Theogonie, K.Albert (Hrsg.), Verlag H.Richarz, Sankt Augustin 1985, 3. Aufl.

20 R.Beisel: Synergetik und Organisationsentwicklung, R. Hampp Verlag, München und Mering 1994.

21 (ohne Nummerierung) Dialektischer und historischer Materialismus: Lehrbuch für das marxistisch-leninistische Grundlagenstudium, Dietz Verlag, Berlin 1988, 15. überarb. Aufl.

22 (ohne Nummerierung) Artikel aus Zeitungen und Fachzeitschriften, von 1995 bis 1999.